Werner Wallert

ABITUR WISSEN

Entwicklungsländer

Bevölkerung, Ernährung und Landwirtschaft
Urbanisierung und Migration
Ursachen von Entwicklungsdefiziten
Entwicklungsstrategien und
Formen der Zusammenarbeit

KLETT-PERTHES
Gotha und Stuttgart

Wallert, Werner
Abiturwissen: Entwicklungsländer

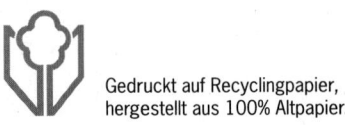
Gedruckt auf Recyclingpapier,
hergestellt aus 100% Altpapier.

Die Deutsche Bibliothek – CIP-Einheitsaufnahme
Ein Titeldatensatz für diese Publikation ist bei
Der Deutschen Bibliothek erhältlich.

1. Auflage   A 1 5 4 | 2005

Die letzte Zahl bezeichnet das Jahr dieses Drucks.
© Justus Perthes Verlag Gotha GmbH, Gotha 2001
Alle Rechte vorbehalten.
Internetadresse: http://www.klett-verlag.de/klett-perthes
E-Mail: klett-kundenservice@klett-mail.de

Redaktion und Produktion: Redaktionsbüro Klaus Feske

Einbandgestaltung: Bayerl & Ost, Frankfurt a.M.
Zeichnungen: Rudolf Hungreder, Alexander Frank
Druck: W. Röck GmbH Druck + Medien, Weinsberg

ISBN 3-623-20030-1

Inhalt

Zur Benutzung dieses Bandes   8

1 Die Entwicklungsländer in der Einen Welt   13

1.5 Zum Begriff der Einen Welt   13
1.2 Untergliederungen der Einen Welt   14
1.3 Globale Disparitäten   16
1.4 Die Entwicklungsländer und ihre Untergruppen   17
    Die Klassifizierung der OECD   17
    Die LDC-Länder   19
    Die AKP-Länder   20
    Die OPEC-Länder   20
    Die LIFDC-Länder   20
    Die HIPC-Länder   20

2 Das Bevölkerungswachstum in den Entwicklungsländern   21

2.1 Grundbegriffe   21
2.2 Die Entwicklung der Weltbevölkerung   21
2.3 Die Einflussfaktoren der Bevölkerungsentwicklung   23
    Die Anwendung des demographischen Übergangs auf die Entwicklungsländer   25
    Die demographische Falle   25
    Weitere Einflussfaktoren auf das Bevölkerungswachstum in den Entwicklungsländern   26
    Die Altersstruktur als Ursache des Bevölkerungswachstums   27
2.4 Die Perspektiven des Bevölkerungswachstums   28
    Die chinesische Bevölkerungspolitik   30
    Das Ziel der stationären Weltbevölkerung   31
    Die Rolle der Frauen   32
    Die biographische Theorie der Fertilität   33
    Weltbevölkerungsprojektionen   33
2.5 Abi-Übung: Bevölkerungswachstum   35

3 Ernährung und Landwirtschaft 36

3.1 Malthus 36
3.2 Unterernährung und Mangelernährung 36
3.3 Hunger durch Armut 37
3.4 Natürliche Ursachen des Hungers 38
3.5 Wirtschaftliche Ursachen des Hungers 39
Besitzstrukturen in der Landwirtschaft 39
Das Arbeitskräftepotenzial im ländlichen Raum 40
Defizite der Infrastruktur 41
Nahrungsmittelhilfe als Ursache für Hunger 41
3.6 Erfolge und Probleme der Grünen Revolution 42
3.7 Entwicklungsperspektiven der Welternährung 43
3.8 Die Tragfähigkeit der Erde 45

4 Das Problem der Nachhaltigkeit 47

4.1 Ökologische Probleme und Nachhaltigkeit in Entwicklungsländern 47
4.2 Schwindende Bodenressourcen 48
Erosion durch Wasser 48
Erosion durch Wind 48
Bodenerosion und Bodenbildung 49
Chemische Bodendegradation 49
Physikalische Bodendegradation 50
4.3 Die tropischen Wälder drohen verloren zu gehen 51
Die Regenwälder als Kohlenstoffsenke 51
Die Regenwälder als Genpool 51
Die Regenwälder als Klimaregler 52
Ausmaß und Ursachen des Waldverlustes 52
Steigender Holzverbrauch 53
Die Suche nach Lösungen 53
4.4 Das Wasser wird knapp 54
Übernutzung von Grundwasservorkommen 55
Knappes Trinkwasser als Kriegsgrund? 55
Lösungsansätze 56
4.5 Nachhaltige Entwicklung 56
Internationale Konferenzen zum Thema Nachhaltigkeit 57
4.6 Abi-Übung: Nachhaltigkeit 58

5 Urbanisierung und Migration — 59

5.1 Formen der Urbanisierung in Entwicklungsländern — 59
Verstädterungsgrad und Verstädterungsrate — 59
Metropolisierung — 60

5.2 Die Ursachen der Urbanisierung und Metropolisierung in den Entwicklungsländern — 60

5.3 Die Auswirkungen der Binnenwanderung — 63
Auswirkungen auf dem Lande — 63
Auswirkungen in den Städten und Metropolen — 63
Das Entstehen von Marginalsiedlungen — 64
Ansätze zur Verbesserung der Lebensbedingungen in Marginalsiedlungen — 65
Agglomerationsnachteile in den Metropolen — 66

5.4 Zur Bewertung der Metropolisierung — 67
Negative Aspekte der Metropolisierung — 67
Positive Aspekte der Metropolisierung — 68

5.5 Internationale Migration — 69

6 Endogene Ursachen von Entwicklungsdefiziten — 71

6.1 Kategorien von endogenen Ursachen — 71
6.2 Defizite beim Produktionsfaktor Boden — 71
6.3 Defizite beim Produktionsfaktor Arbeit — 73
6.4 Defizite beim Produktionsfaktor Kapital — 74

7 Exogene Ursachen von Entwicklungsdefiziten — 76

7.1 Historische Ursachen — 76
7.2 Die Stellung der Entwicklungsländer im Welthandel — 79
Die Theorie der komparativen Kosten — 80
Monostrukturen des Exports — 80
7.3 Die Terms of Trade — 81
Ein Beispiel für die Auswirkungen veränderter Terms of Trade — 81
Die Terms of Trade in der Wirklichkeit — 82
Ursachen schwankender Rohstoffpreise — 82

7.4	**Das Problem der Auslandsverschuldung**	84
	Ursachen der Schuldenkrise	84
	Ursachen der Verschuldung	86
	Die Entschuldungsinitiative	86
7.5	**Der Globalisierungsprozess**	86
	Ursachen der fortschreitenden Globalisierung	87
7.6	**Die Auswirkungen der Globalisierung auf die Entwicklungsländer**	88
7.7	**Abi-Übung: Sambia**	90

8 Entwicklungsstrategien — 92

8.1	**Die Modernisierungsstrategie**	92
8.2	**Die Strategie der autozentrierten Entwicklung**	94
8.3	**Die Grundbedürfnisstrategie**	96
8.4	**Die Neue Weltwirtschaftsordnung**	97
8.5	**Die Strategie der nachhaltigen Entwicklung**	98
8.6	**Ansätze einer neuen Strategie**	100
	Public-Private Partnership	100
	Die Strategie der Förderung institutioneller Strukturreformen	100

9 Formen der wirtschaftlichen Zusammenarbeit — 102

9.1	**Privatwirtschaftliche Zusammenarbeit**	102
9.2	**Zum Begriff und zur Zielsetzung der Entwicklungszusammenarbeit**	103
9.3	**Die Träger von Entwicklungshilfe**	104
9.4	**Formen der Entwicklungszusammenarbeit**	106
9.5	**Prinzipien und Grundsätze von Entwicklungszusammenarbeit**	108
9.6	**Ländliche Regionalentwicklung**	110
9.7	**Ablauf eines Entwicklungsprojekts**	112
9.8	**Kritik an der Entwicklungshilfe**	114
9.9	**Ziele für die Zukunft**	115

10 Tourismus als Entwicklungspotenzial   117

10.1 Entwicklung des Tourismus in den Entwicklungsländern   117
Tourismus als Boombranche   117
Die Entwicklungsländer als Zielgebiet des Ferntourismus   117

10.2 Das touristische Potenzial der Entwicklungsländer   119
Das natürliche Potenzial   119
Das kulturelle Potenzial   120

10.3 Infrastrukturelle Voraussetzungen   121

10.4 Weitere Einflussfaktoren   122

10.5 Ökonomische Effekte   123

10.6 Mögliche negative Auswirkungen   126

10.7 Das Problem der Nachhaltigkeit   129

10.8 Abi-Übung: Tourismus   130

Anhang   131
Komplexe Abituraufgabe   131
Register   136
Lösungen der Aufgaben   140

Zur Benutzung dieses Bandes

Das zentrale Anliegen der neuen Bände des Fachbereichs Geographie in der Reihe „*Abiturwissen*" ist es, das für das Abitur relevante Wissen auf hohem fachlichen Niveau und in gut verständlicher Form bereitzustellen. Neu ist dabei die praxisnahe Orientierung dieser Bände, die in der Einbeziehung einer Operatorenliste, in den Übungsaufgaben mit Lösung und in der systematischen Erarbeitung des für das jeweilige Thema wichtigen Fachvokabulars sichtbar wird.

Die Wissensvermittlung

Das durchgängige Grundprinzip aller Bände ist die inhaltlich dichte und anschauliche Darstellung des für eine Abiturprüfung erforderlichen Wissens. Die Texte sind fast ausschließlich Autorentexte, die sich nach sachlogischen Zusammenhängen strukturieren. Auf die Einbeziehung von Quellentexten wurde weitestgehend verzichtet, um die gedankliche Geschlossenheit des Gesamttextes nicht aufzubrechen. Die ausgewählten Abbildungen dienen vor allem der Veranschaulichung zentraler Sachverhalte, sie sind keine Arbeitsmaterialien wie in den für den Kursunterricht der Sekundarstufe gedachten Schulbüchern. Aus diesem Grund gibt es auch keine Arbeitsaufgaben und keine eingehend behandelten räumlichen Fallstudien.

Die Bände „*Abiturwissen*" sind in erster Linie für den individuellen Gebrauch zur kursbegleitenden Benutzung und für die direkte Vorbereitung auf das Abitur gedacht. Sie bieten das allgemeingeographische Hintergrundwissen als tragfähiges Fundament für die Behandlung aktueller Fallstudien und regionaler Beispiele im Unterricht. Der Kursunterricht und das Selbststudium der Bände „*Abiturwissen*" ergänzen sich somit. Das schließt nicht aus, dass die Bände zur Schaffung eines einheitlichen Kurswissens für alle Kursmitglieder angeschafft werden und als Wissensgrundlage für die im Unterricht schwerpunktartig zu behandelnden Fallstudien dienen.

Die inhaltliche Gliederung geschieht nach dem Dezimalprinzip: Die erste Ziffer bezeichnet die Hauptkapitel, die zweite Ziffer die jeweiligen Unterkapitel. Die halbfetten Zwischenüberschriften untergliedern die Unterkapitel ein weiteres Mal, haben aber keine Zählung. Diese Gliederungsebenen bilden auch das Inhaltsverzeichnis, das somit einen treffsicheren Zugriff auf die unterschiedlichen Inhalte ermöglicht.

Die Operatoren

Operatoren sind diejenigen Verben in den Aufgabenformulierungen einer Klausur, die dem Prüfling sagen, was er machen soll. Sie werden auch Handlungsanweisungen genannt. Sie sind genauestens zu beachten; das ist eine Grundvoraussetzung für die erfolgreiche Anfertigung einer Klausur. Um ein Beispiel zu geben: Wenn es in der Aufgabenstellung heißt: „*Be-*

werten Sie ..." einen bestimmten Sachverhalt und Sie erklären diesen nur, so kann das nicht als ausreichende Leistung anerkannt werden, weil Sie dann an der Aufgabenstellung vorbeigeschrieben haben. Wie die Definitionen der Operatoren in der Liste auf Seite 10 zeigen, lassen sich aber nicht alle Operatoren so klar gegeneinander abgrenzen wie *„bewerten"* und *„erklären"*.

Die Liste umfasst die in allen Bundesländern wichtigen Operatoren. In den Ländern ohne Zentralabitur sollten die Verfahrensweisen und Angewohnheiten des jeweiligen Referenten, d. h. des Lehrers, der die Abituraufgaben erarbeitet hat, auf jeden Fall berücksichtigt und gegebenenfalls erfragt werden.

Konkret: Wie füllt er bzw. sie den Operator *„interpretieren"* mit Inhalt, was wird genau erwartet? Das kann im Einzelfall durchaus unterschiedlich sein. Eine Hilfe kann hier die Analyse der bisher geschriebenen Oberstufenklausuren sein.

Die Operatoren werden drei Anforderungsbereichen (AFB) zugeordnet. Der AFB 1 hat seinen Schwerpunkt in der Wiedergabe von Wissen. Typische Operatoren sind: wiedergeben, benennen, beschreiben. Etwas zu wissen wird oft als das Wichtigste in einer Prüfung angesehen. Das ist nicht grundsätzlich verkehrt, aber die reine Wiedergabe dieses Wissens hat in einer Abituraufgabe nur einen vergleichsweise geringen Stellenwert. Das heißt, die Aufgaben des ABF 1 haben eine geringe Wertigkeit, sie zählen weniger für das Gesamtergebnis der Klausur als die anderen Anforderungsbereiche. Deshalb ist es falsch, auf die Bearbeitung der ersten Aufgabe, die oft dem AFB 1 gewidmet ist, besonders viel Zeit zu verwenden und das erworbene Wissen in allen Details auszubreiten. Das führt in der Regel dazu, dass anschließend zu wenig Zeit bleibt für die angemessene Erledigung der weiteren Aufgaben, und das wirkt sich negativ auf das Gesamtergebnis aus.

Der Anforderungsbereich 2 hat seinen Schwerpunkt in der Anwendung von Wissen. Das ist der höhere Anspruch. Hier muss das erworbene Wissen auf neue, unbekannte Sachverhalte und Materialien angewendet werden, hier geht es um Tranferleistungen und um die Anwendung methodischer Fertigkeiten, z. B. bei der Auswertung von Materialien. Entscheidend ist im AFB 2, dass man gelernt hat, die vorgegebenen Materialien sachkundig und systematisch auszuwerten. Um dies zu üben, gibt es im Verlag *Klett-Perthes* ein spezielles Arbeitsheft, die *„Geomethoden"*. Der AFB 2 bildet den Schwerpunkt jeder Abiturklausur. Typische Operatoren des AFB 2 sind: *erläutern, erklären, analysieren*.

Der AFB 3 ist der anspruchsvollste Anforderungsbereich, zählt aber nicht so viel wie der AFB 2. Es geht beim AFB 3, der meist in der letzten Aufgabe einer Klausur vorkommt, um eine eigene Bewertung eines Sachverhaltes, um ein eigenständiges und überzeugend begründetes Urteil. Typische Operatoren sind: *bewerten, beurteilen, Stellung nehmen, erörtern*. Wesentliche Bewertungskriterien beim AFB 3 sind die Zahl der verschiedenen Aspekte, die Qualität der Begründung der eigenen Meinung und die Ausgewogenheit der Argumentation. Das sollten Sie auch gezielt berücksichtigen.

Operatorenliste

1. **Nennen** — unkommentierte Informationen bzw. allgemein Gültiges anführen/wiedergeben
2. **Beschreiben** — exakte Angaben aus vorgegebenen Material machen (exakte Bestandsaufnahme)
3. **Belegen** — einen Sachverhalt aus vorgegebenem Material richtig angeben (zitieren, aus Graphik ablesen)
4. **Gliedern** — Informationen in eine logische Reihenfolge oder in eine systematische Ordnung bringen
5. **Ein-/Zuordnen** — Informationen aus vorgegebenem Material in einen erkannten oder gelernten Zusammenhang einfügen
6. **Charakterisieren/ Kennzeichnen** — einen Sachverhalt unter einem leitenden Gesichtspunkt in seinen Grundzügen beschreiben
7. **Aufzeigen und beschreiben** — charakteristische Merkmale in vorgegebenem Material auffinden
8. **Gegenüberstellen** — Informationen, Sachverhalte, Argumente/Wertungen beschreibend einander gegenüberstellen (keine Wertung)
9. **Darstellen/ Darlegen** — einen Sachverhalt/Tatbestand ausführlich wiedergeben
10. **Untersuchen/ Analysieren/ Erarbeiten** — an Informationen (meist aus vorgegebenem Material) gezielte Fragen stellen, diese beantworten und die Antworten begründen
11. **Vergleichen** — Vergleichbares gewichtend einander gegenüberstellen und ein Ergebnis formulieren (auch mit Tabelle)
12. **Begründen** — komplexe Grundgedanken aufgrund vorgegebenen Materials und/oder aus eigenem Wissen/Erkenntnissen zusammenhängend darstellen; entscheidend dabei ist der folgerichtige, schlüssige Gedankengang
13. **Erklären** — Ursachen von Informationen durch eigenes Wissen/eigene Einsichten ermitteln und in einem Zusammenhang einordnen/Informationen durch eigene Einsichten in einem Zusammenhang (Theorie/Regel/Gesetz/Funktionszusammenhang) einordnen und kausal begründen
14. **Erläutern** — Beschreiben und erklären
15. **Erörtern** — zu einer vorgegebenen Problemstellung eigene Gedanken entwickeln und zu einem abgewogenen Sachurteil führen. Dabei müssen verschiedene Standpunkte angeführt und begründet werden (Argumente/Beispiele)
16. **Beurteilen** — eine Mehrzahl von Hypothesen im Zusammenhang prüfen und eine Aussage über Richtigkeit, Wahrscheinlichkeit, Angemessenheit und Anwendbarkeit machen, wobei die Kriterien selber gefunden werden müssen; erfordert in der Regel längere Argumentationsreihen als „begründen"
17. **Bewerten** — Erfordert über „beurteilen" hinaus den Bezug auf eine detaillierte Wertordnung, um über eine Problemlösung angemessen zu entscheiden

Die Übungsaufgaben

Am Schluss mehrerer Kapitel finden Sie kurze Übungsaufgaben, *„Abi-Übung"* genannt, die sich inhaltlich auf das vorangegangene Kapitel beziehen. Sie sind vom Umfang her mit einer Teilaufgabe einer Abiturklausur zu vergleichen. Am Schluss des Bandes findet sich eine komplexe Aufgabenstellung, die etwa den Umfang einer vollständigen Abiturklausur im Leistungskurs hat. So haben Sie mehrere Möglichkeiten, Ihre methodischen Fertigkeiten zu üben. Diese Aufgaben sollten Sie in jedem Fall schriftlich ausformulieren. So bekommen Sie eine Gefühl für die Zeit, die Sie benötigen. Die Zeit, die Ihnen konkret zur Verfügung steht, und der Umfang der Aufgabenstellung variieren aber von Bundesland zu Bundesland. Hier sollten Sie sich rechtzeitig informieren. Für alle Übungsaufgaben gibt es eine knapp formulierte Lösung am Schluss des Bandes. Sie würden sich Ihrer Übungsmöglichkeiten berauben, wenn Sie vor dem Abschluss der eigenen Lösung dort nachschlagen.

Das Fachvokabular

Das Beherrschen der geographischen Fachsprache ist ein wichtiges Bewertungskriterium für die Abiturklausuren. Deshalb führt Sie dieser Band systematisch in das komplette Vokabular ein, das zur Thematik dieses Bandes gehört.

Alle Fachbegriffe sind einmal blau gedruckt, und zwar an der Stelle, wo sie auch erklärt werden. Die knappen Definitionen stehen in der Randspalte oder der Begriff erklärt sich aus dem Textzusammenhang und taucht dann nicht noch einmal gesondert in der Randspalte auf. Sollten Sie an einer anderen Stelle auf einen Ihnen erklärungsbedürftigen Begriff stoßen, so schlagen Sie im Index der Fachbegriffe nach. Dort steht ein Verweis auf die Seite, wo dieser Begriff definiert wird. Das Indexverzeichnis eignet sich auch zum systematischen Überprüfen des eigenen Kenntnisstandes. Vergessen Sie nicht, in der Klausur die erworbene Fachsprache anzuwenden. Wo immer sinnvoll, sollte der entsprechende Fachausdruck verwendet werden. Ein verbreiteter Fehler ist, den Begriff in Klammern zu setzen. Tun Sie das auf keinen Fall, sondern verwenden Sie ihn ganz normal im Text.

Weitere wichtige Hinweise für Abiturklausuren

Die beiden zentralen Gesichtspunkte der Bewertung sind der Aufgabenbezug und der Materialbezug.

Die Aufgabenstellung darf an keiner Stelle aus dem Blick geraten. Alle Exkurse, die nur belegen sollen, wie gut man sich inhaltlich vorbereitet hat, sind zu vermeiden. Alle Ausführungen müssen der Erledigung der Aufgabenstellung dienen. Gleiches gilt für den Materialbezug. Falsch ist: ein Alibisatz zum Material und dann die reine Wiedergabe dessen, was man gestern zufällig noch wiederholt hat und was doch scheinbar prima zum Thema des Materials passt. Wenn das Gelesene nicht zufällig den in der Aufgabenstellung geforderten Erklärungshintergrund für die Aussagen des Materials darstellt, hat es hier nichts zu suchen. Das Material sollten möglichst erschöpfend ausgewertet werden. Den Blick für das aussagekräftige Detail muss man schrittweise entwickeln.

Die Ausführungen müssen sinnvoll gegliedert sein: zuerst ein Einleitungssatz zur Themenstellung des zu bearbeitenden Materials, dann die wichtigsten Aussagen des Materials, anschließend die interessanten Details, und zum Schluss ein zusammenfassendes Fazit, das die Materialauswertung auf den Punkt bringt.

Der Atlas als meist erlaubtes Hilfsmittel sollte wo immer möglich ausgiebig genutzt werden. Ihm lassen sich viele konkrete Hintergrundinformationen über Beispielländer oder regionale Fallstudien entnehmen. Dies wird oft sträflich vernachlässigt.

Zwischen den einzelnen Teilaufgaben und den Materialien lassen sich oft inhaltliche Bezüge herstellen. Tun Sie das. So wird aus ihrer Abiturklausur ein geschlossenes Ganzes.

Und zum Schluss: Wahren Sie Zeitdisziplin. Die besten Formulierungen zur ersten Aufgabe zählen nichts, wenn Sie nicht auch die vierte Aufgabe angemessen und ohne Zeitnot abschließen können.

Viel Freude bei der Arbeit mit den Bänden *„Abiturwissen"* und guten Erfolg im Abitur wünschen Ihnen die Autoren.

Karin Krause   *Matthias Scholliers*   *Werner Wallert*

Die Entwicklungsländer in der Einen Welt

1.1 Zum Begriff der Einen Welt

Die Welt wird zunehmend als ein Ganzes gesehen, als Eine Welt. Es hat sich das Bewusstsein ausgeprägt, dass die wichtigen Herausforderungen, denen wir gegenüber stehen, nicht auf nationalstaatlicher Ebene bewältigt werden können, sondern dass eine weltweite Sichtweise und globales Handeln gefordert sind.

Die Eine Welt ist in vielfacher Weise schon Realität. Globalisierung heißt das Stichwort, wenn es um die Belange der Kommunikationstechnologie oder der Wirtschaft geht. Weltweit operierende Wirtschaftsunternehmen sind inzwischen eine Selbstverständlichkeit, Weltreisen für viele eine alljährliche Normalität, interkontinentale Kontakte per eMail und globale Recherche via Internet sind der Alltag für Schülerinnen und Schüler.

Aber auch in anderer Hinsicht werden Grenzen und Entfernungen immer bedeutungsloser, wird die Welt als ein globales System verstanden: Migrationsströme haben zunehmend eine globale Dimension, ökologische Probleme betreffen uns alle, wie der englische Begriff für den Treibhauseffekt es treffend veranschaulicht: global warming.

Sechs Milliarden Menschen sind zu einer Schicksalsgemeinschaft geworden. Die Globalität der Sachprobleme erfordert globales Denken. Eine ganzheitliche Sichtweise der Welt ist das zentrale Ziel des globalen Lernens, und hier kommt dem Geographieunterricht eine besondere Bedeutung zu.

1.2 Untergliederungen der Einen Welt

Zweierlei macht globales Lernen schwierig: Zum einen die gewaltige Dimension des zu betrachtenden Raumes, zweitens die verwirrende Vielfalt der knapp 200 Länder und ihrer Teilräume in diesem globalen Gesamtraum. Dieser Komplexität versucht man mit möglichst einfachen Untergliederungen Herr zu werden, um die globale Orientierung zu erleichtern.

Die Einteilung in den Norden, d.h. die Industrieländer, und in den Süden mit den Entwicklungsländern ist eine dieser beliebten Untergliederungen. Aber es gibt keine allgemein akzeptierte Grenze zwischen dem Norden und dem Süden. Der Äquator ist mit Sicherheit keine Hilfe, denn viele Länder des „Südens" liegen auf der Nordhalbkugel und zwei Industrieländer des „Nordens" liegen auf der Südhalbkugel: Australien und Neuseeland. Trotzdem wird dieses Begriffspaar in vielen Zusammenhängen verwendet, in denen auf die globalen Disparitäten, auf die ausgeprägten Ungleichgewichte und Unterschiede zwischen den Industrie- und den Entwicklungsländern, abgehoben wird, so etwa beim Terminus Nord-Süd-Gegensatz.

Industrieländer und Entwicklungsländer, das ist ein weiteres eingeführtes Begriffspaar, das von einer breiten Öffentlichkeit benutzt wird, um Übersichtlichkeit im globalen Raum zu schaffen.

Die Industrieländer sind eine letztlich nicht klar abgrenzbare Gruppe der führenden Wirtschaftsmächte, v.a. USA, Japan und die meisten EU-Länder, zu der auch weitere europäische Länder wie Norwegen, Schweiz, Russland sowie Kanada, Australien und Neuseeland gehören.

Auch Experten kommen an den Begriffen Industrieländer und Entwicklungsländer nicht vorbei, dennoch haben beide Begriffe große Schwächen. In den Industrieländern ist die Industrie, also der sekundäre Wirtschaftssektor seit mehreren Jahrzehnten nicht mehr der bestimmende Wirtschaftsbereich, sondern der tertiäre Wirtschaftssektor. Daher ist der Name Industrieländer eigentlich nicht mehr zutreffend. Die Industrieländer sind eigentlich „Dienstleistungsländer".

Ebenso problematisch ist der Begriff Entwicklungsländer, dabei stellt er schon eine Verbesserung des früher üblichen

---

sekundärer Wirtschaftssektor: das produzierende Gewerbe, bestehend aus Industrie und Handwerk

tertiärer Wirtschaftssektor: alle Dienstleistungen, Verwaltung, Transportwesen usw.

Begriffs „unterentwickelte Länder" dar, der von den Betroffenen zu Recht als diskriminierend empfunden wurde, da er sehr statisch und unveränderlich klang, so als würde der Status des Unterentwickelt-Seins auf Dauer festgeschrieben. Verglichen damit wird der Begriff Entwicklungsländer eher dynamisch aufgefasst, wie es auch für den korresponierenden englischen Begriff *developing countries* gilt, der den Begriff *underdeveloped countries* ersetzte. Der im Englischen übliche Terminus der *developed countries* für die Industrieländer ist auch nicht unproblematisch, da Entwickelt-Sein ja kein endgültiger Zustand ist, sondern auch in den Industrieländern eine fortwährende Entwicklung stattfindet, teilweise sogar mit mehr Dynamik als in vielen Entwicklungsländern. In jüngerer Zeit werden im Englischen oft die Begriffe *developed countries* und *less developed countries* benutzt. Sie haben aber auch einen statischen Charakter. Mangels handhabbarer Alternativen wird auch in diesem Band vereinfachend der Begriff Entwicklungsländer verwendet.

Schließlich gibt es schon lange eine Diskussion darüber, was denn eigentlich Entwicklung ist und wie man sie messen kann. Auch heute noch wird darunter häufig nur der wirtschaftliche und technologische Fortschritt verstanden, gemessen mit der leicht verfügbaren Messgröße des Bruttosozialprodukts pro Einwohner. Zunehmend hat sich jedoch die Auffassung durchgesetzt, dass Entwicklung nicht auf den wirtschaftlichen Aspekt begrenzt werden kann, dass soziale Komponenten einbezogen werden müssen. Aus diesem Grunde wurden komplexe Messgrößen entwickelt wie der Human Development Index, um ein differenzierteres Bild der gesamtgesellschaftlichen Entwicklung weltweit zu erhalten.

Bruttosozialprodukt: abgekürzt BSP; Maß für die jährliche Wirtschaftsleistung einer Volkswirtschaft, d.h. eines Landes

Human Development Index: abgekürzt HDI; Index für menschliche Entwicklung; von der UN entwickelte Kennziffer der menschlichen Entwicklung, die aus dem Pro-Kopf-Einkommen, der Lebenserwartung, der Gesamteinschulungsquote und der Alphabetisierungsrate der Erwachsenen ermittelt wird

Ein weiterer Begriff ist in ähnlicher Weise zugleich ungeeignet wie kaum verzichtbar, nämlich der Terminus Dritte Welt für die Gesamtheit der Entwicklungsländer. Als dieser Begriff geprägt wurde, umfasste er alle Länder, die nicht zur „Ersten Welt" der westlichen, marktwirtschaftlich geprägten Industrieländer und nicht zur „Zweiten Welt" der sozialistischen Länder mit der Sowjetunion als Führungsmacht gehörten. Spätestens seit der Auflösung der früheren „Zweiten Welt" ist dieser Begriff überholt. Die „Zweite Welt" existiert nicht mehr, doch der Begriff der „Dritten Welt" lebt weiter, in Ermangelung eines leicht handhabbaren Ersatzbegriffs.

Alle Versuche, die Länder der Welt in nur zwei oder drei Gruppen zusammenzufassen, werden der wirklichen Vielfalt nicht gerecht. Hinter den Sammelbegriffen Entwicklungsländer und Dritte Welt verbergen sich krasseste Unterschiede des Entwicklungsstandes und des Lebensstandards: Die „Dritte-Welt-Länder" Madagaskar, Saudi-Arabien und Südkorea haben kaum etwas gemein.

1.3 Globale Disparitäten

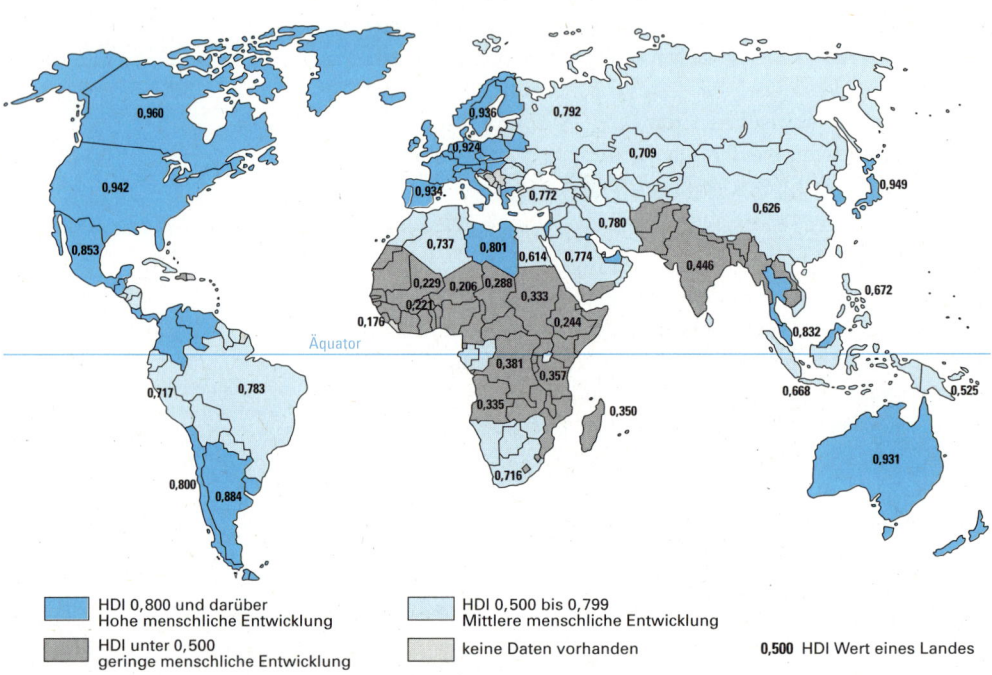

Klassifizierung der Länder nach dem Human Development Index (HDI)
nach Deutsche Gesellschaft für die Vereinten Nationen (Hrsg.): Bericht über die menschliche Entwicklung 1998. Bonn 1998

Die Karte zeigt die Länder der Welt nach ihrem Human Development Index im Jahr 1998. Sie zeigt auf den ersten Blick, dass der alte Nord-Süd-Gegensatz zwischen der Ersten Welt und der Zweiten Welt im Norden und der Dritten Welt im Süden so nicht mehr existiert. Zugleich wird das Entwicklungsgefälle innerhalb der Dritten Welt deutlich.

Die klassische Erste Welt findet sich geschlossen in der Gruppe mit dem hohen HDI, doch es zählen auch lateinamerikanische und südostasiatische Schwellenländer, zwei Ölländer und einige ostmitteleuropäische Transformationsländer dazu. Einen mittleren HDI haben die frühere „Zweite Welt" der sozialistischen Länder, die Ölländer des Nahen Ostens und besser gestellte Entwicklungsländer in Lateinamerika, Südostasien, aber auch in Afrika. Die unterste Gruppe bilden zwei geschlossene Großregionen in Sub-Sahara-Afrika und in Südasien. Die Betrachtung Lateinamerikas und Afrikas macht deutlich, dass es keine einheitliche Dritte Welt gibt – und das gilt nicht nur für den HDI.

Schwellenländer: Begriff für eine nicht genau abgrenzbare Gruppe von Ländern, die im Begriff sind, sich von Entwicklungsländern zu Industrieländern zu entwickeln, also zu den am weitesten entwickelten Entwicklungsländern gehören; zu dieser Gruppe zählen u.a. Brasilien, Chile, Singapur, Taiwan und Thailand

Transformationsländer: ehemals sozialistische Länder des früheren Ostblocks, die ein marktwirtschaftliches Wirtschaftssystem einführen

Sub-Sahara-Afrika: Afrika südlich der Sahara, d.h. ohne die an das Mittelmeer grenzenden Länder Afrikas

1.4 Die Entwicklungsländer und ihre Untergruppen

Die Heterogenität unter den Entwicklungsländern hat sich so weit entwickelt, dass es nicht ein einziges Merkmal gibt, das auf alle Entwicklungsländer zutrifft, nicht einmal das Merkmal Armut. Es gibt daher auch keine einheitliche Definition eines Entwicklungslandes und keine Übereinstimmung darüber, welche Länder zu den Entwicklungsländern zu zählen sind und welche nicht. Die Auflistungen der großen internationalen Organisationen, der UN, der Weltbank und der OECD, entsprechen sich zwar weitgehend, aber nicht in jedem Einzelfall.

Heterogenität: Vielgestaltigkeit, Unterschiedlichkeit

UN: Abkürzung für „United Nations"; die Vereinten Nationen mit Sitz in New York

Weltbank: Internationale Entwicklungsbank(engruppe)

OECD: Abkürzung für „Organization for Economic Cooperation and Development"; Organisation für wirtschaftliche Zusammenarbeit und Entwicklung, der die westlichen Industrieländer angehören

Die Klassifizierung der OECD

Eine der wichtigsten Listen der Entwicklungsländer ist die von der OECD aufgestellte DAC-Liste. Die dort aufgeführten 137 Länder haben in der Karte auf der folgenden Seite eine der beiden grauen Flächenfarben. Die 29 OECD-Länder, die man auch als „westliche Industrieländer" anspricht, sind in dieser Karte mit einer Schraffur dargestellt. Die sehr kleinen Inselstaaten in der Karibik und im Südpazifik sind in der Karte nicht eingezeichnet.

DAC-Liste: Auflistung aller Entwicklungsländer durch das Development Assistance Committee (Entwicklungshilfe-Komitee) der OECD

1

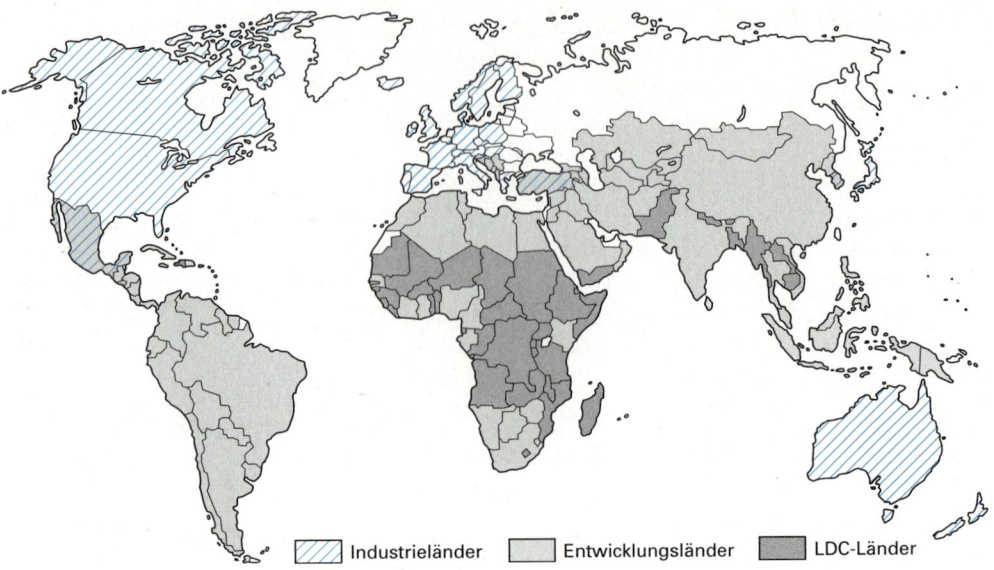

Industrieländer, Entwicklungsländer und LDC-Länder
Entwurf des Autors

Es wird deutlich, dass drei Länder sowohl eine Flächensignatur als auch eine Schraffur haben: Mexiko, Südkorea und die Türkei. Diese drei Länder sind als (relativ junge) OECD-Mitgliedsländer schon den Industrieländern zuzurechnen, stehen aber auch auf der DAC-Liste der Entwicklungsländer. Sie zählten in der Vergangenheit zu den Schwellenländern und haben inzwischen den Aufstieg zu den Industrieländern vollzogen. Damit wird deutlich, wie fließend die Grenzen zwischen den vielen Ländergruppen sein können.

Die Zugehörigkeit zu den offiziellen Listen ist nicht ohne Bedeutung. Die 22 im DAC vertretenen westlichen Industrieländer – die neuen Mitglieder sind dort nicht vertreten – legen alle drei Jahre der OECD einen Bericht über die geleistete Entwicklungshilfe vor. Sie bringen 95 % aller Entwicklungshilfeleistungen auf. Dabei zählen nur Zuwendungen an die Länder auf der DAC-Liste zur öffentlichen Entwicklungshilfe.

Die LDC-Länder

Angesichts der Heterogenität der Dritten Welt war schon bald die Notwendigkeit gegeben, diejenigen Länder, die besonderer Entwicklungsanstrengungen bedürfen, in einer gesonderten Gruppe auszugliedern. Dies sind die in der Karte auf Seite 18 mit einer dunkelgrauen Signatur versehenen 48 LDC-Länder, die am wenigsten entwickelten Länder.

LDC-Länder: Least Developed Countries; die am wenigsten entwickelten Länder

Wie ein Vergleich mit der Karte auf Seite 16 zeigt, wurde als Kriterium zur Abgrenzung dieser Ländergruppe nicht nur das Pro-Kopf-Einkommen herangezogen, sondern seit 1991 werden mehrere, z. T. recht komplexe Kriterien verwendet:

1. ein BIP pro Kopf unter 699 US-$,
2. der „Augmented Physical Quality of Life Index", der sich aus der Lebenserwartung, der Kalorienversorgung, der Einschulungsrate und der Alphabetisierungsrate zusammensetzt und damit den sozialen Entwicklungsstand kennzeichnet,
3. der „Economic Diversification Index", der aus dem Anteil der Industrie am BIP, der Beschäftigtenzahl in der Industrie, dem Stromverbrauch und der Exportorientierung der Wirtschaft errechnet wird. Dieser Index gibt ein Bild der Wirtschaftsstrukturen und damit des wirtschaftlichen Entwicklungsstandes.
4. Schließlich dürfen LDC-Länder nicht mehr als 75 Mio. Einwohner haben.

BIP: Abkürzung für Bruttoinlandsprodukt, eine ähnliche Größe wie das Bruttosozialprodukt (BSP); der Unterschied besteht in den Eigentumsverhältnissen der Betriebe, beim BIP werden auch ausländische Unternehmen in einem Land mit erfasst, d. h. alle Unternehmen innerhalb der Staatsgrenzen eines Landes

Alle LDC-Länder erhalten Entwicklungshilfe zu besonders günstigen Konditionen.

Weitere Ländergruppen werden nach ganz unterschiedlichen Kriterien zusammengefasst. Die Länder, die in der Karte auf Seite 18 keine Signatur haben, sind – abgesehen von Taiwan, das kein selbstständiges Land ist – die Transformationsländer in Europa und Asien, die aus der früheren Zweiten Welt hervorgegangen sind. Auch hier wird eine Differenzierung erkennbar, da neun der Nachfolgestaaten der ehemaligen UdSSR zu den Entwicklungsländern auf der DAC-Liste zählen.

Transformationsländer: ehemals sozialistische Länder des Ostblocks, die ein marktwirtschaftliches Wirtschaftssystem einführen

UdSSR: Abkürzung für „Union der Sozialistischen Sowjetrepubliken"

1

AKP-Länder: Länder in Afrika, in der Karibik und im Pazifik

Lomé-Abkommen: eine Serie von Abkommen über die Entwicklungszusammenarbeit zwischen der EU und den AKP-Ländern, die in der Hauptstadt Togos geschlossen wurden

OPEC: Abkürzung für „Organization of Petroleum Exporting Countries"; Organisation der Erdöl exportierenden Länder; die Mitgliedsländer sind Algerien, Ecuador, Gabun, Indonesien, Irak, Iran, Katar, Kuwait, Libyen, Saudi-Arabien, Syrien, Tunesien, Vereinigte Arabische Emirate

FAO: Abkürzung für „Food and Agriculture Organization"; Organisation für Ernährung und Landwirtschaft, Unterorganisation der UN mit Sitz in Rom, deren Ziel die Sicherstellung der Welternährung ist

LIFDC-Länder: Abkürzung für „Low Income Food Deficit Countries"; Länder mit niedrigem Einkommen und Nahrungsmitteldefizit; sie haben ein Durchschnittseinkommen von weniger als 1505 US-$ pro Person und Jahr und müssen Nahrungsmittel importieren; diese Gruppe umfasst derzeit 83 Länder

HIPC-Länder: Ankürzung für „Heavily Indebted Poor Countries"; hoch verschuldete arme Länder

Die AKP-Länder

Für die ihre Zusammenarbeit mit der Dritten Welt hat die EU die AKP-Länder ausgegliedert, bei denen es sich um ehemalige Kolonien von EU-Ländern handelt. Sie haben in den Lomé-Abkommen besondere Konditionen für den Zugang zum Markt der Europäischen Union erhalten.

Die OPEC-Länder

Die 13 Mitgliedsländer der OPEC zählen aufgrund ihrer Ölvorkommen zu den wohlhabenden Entwicklungsländern. Das Ziel ihres Zusammenschlusses sind Absprachen über Ölfördermengen, um den Ölpreis auf einem hohen Niveau zu halten. Bei diesem Vorhaben waren sie in der Vergangenheit sehr unterschiedlich erfolgreich. 1973 und 1980 konnten sie drastische Preiserhöhungen durchsetzen, später fiel der Rohölpreis auf ein relativ niedriges Niveau, ehe er 1999 wieder stark anstieg.

Die LIFDC-Länder

Die FAO hat für ihre Hilfsmaßnahmen zur Ernährungssicherung die Gruppe der LIFDC-Länder ausgegliedert, um ähnlich wie bei den LDC-Ländern gezielt dort helfen zu können, wo es am nötigsten ist.

Die HIPC-Länder

Die Weltbank hat schließlich zur differenzierten Behandlung der Schuldenproblematik eine Liste der HIPC-Länder aufgestellt, die für Entschuldungsinitiativen als Erste in Frage kommen.

Darüber hinaus gibt es noch weitere Länderlisten, die von verschiedenen Organisationen aufgestellt wurden. Sie sind aber eher von untergeordneter Bedeutung.

Das Bevölkerungswachstum in den Entwicklungsländern 2

2.1 Grundbegriffe

Das derzeitige Wachstum der Weltbevölkerung gilt als zentrale Herausforderung für die Zukunft unseres Planeten. Häufig wird die Metapher der Bevölkerungsexplosion benutzt, das Bild eines gewaltigen und unkontrolliert ablaufenden Wachstums, das zum Schluss alles zu vernichten droht. Dieses Bild ist in mehrfacher Hinsicht falsch.

Das globale Bevölkerungswachstum ist trotz seiner gegenwärtigen Dynamik ein allmählicher Entwicklungsprozess mit einer historischen Dimension. Inzwischen ist ein sich verlangsamendes Wachstum erreicht worden, das relative Wachstum und nun auch das absolute Wachstum nehmen langsam ab. Ende der 80er-Jahre hatte das absolute Wachstum der Weltbevölkerung mit 86 Mio. pro Jahr seinen Höhepunkt erreicht. Derzeit beträgt dieser jährliche Zuwachs 78 Mio. und das Wachstum wird sich weiter verlangsamen auf 33 Mio. im Jahr 2050. Das soll aber nicht heißen, dass die Dynamik des momentanen Bevölkerungswachstums nicht ernst genommen werden muss, denn es werden voraussichtlich noch etwas über vier Milliarden Menschen hinzukommen, ehe sich die Weltbevölkerung ab 2200 bei etwas über zehn Milliarden Menschen stabilisieren wird – so die gegenwärtigen Prognosen.

relatives Wachstum: das Wachstum im Vergleich zum Vorjahr; ausgedrückt in Prozent

absolutes Wachstum: die absolute Zahl der innerhalb eines Jahres hinzugekommenen Menschen, ausgedrückt in Millionen

2.2 Die Entwicklung der Weltbevölkerung

Die Kurve der Entwicklung der Weltbevölkerung auf der folgenden Seite zeigt, wie dramatisch sich die Weltbevölkerung besonders im 20. Jahrhundert vermehrt hat. Man spricht von einem exponentiellen Wachstum der Weltbevölkerung. Im Oktober 1999 hat die Weltbevölkerung die Sechs-Milliarden-Grenze überschritten. Anfang des 20. Jahrhunderts bevölkerten 1,65 Milliarden Menschen unseren Planeten, d. h. innerhalb des letzten Jahrhunderts hat

exponentielles Wachstum: sich ständig beschleunigendes Wachstum sich die Weltbevölkerung weit mehr als verdreifacht. Um die sechste Milliarde wuchs die Menschheit innerhalb von nur zwölf Jahren, von 1987 bis 1999. Das zweite bedeutsame Faktum ist, dass das gegenwärtige Wachstum der Weltbevölkerung zu 98 % in den Entwicklungsländern stattfindet.

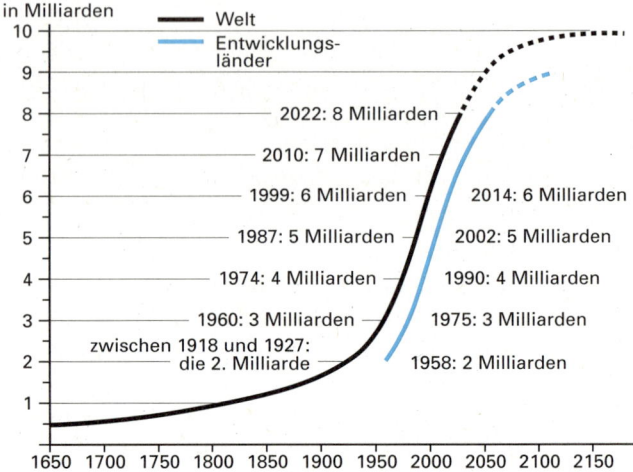

Wachstum der Weltbevölkerung
Brameier, U. u. a.: Räume und Strukturen. Gotha 2000, S. 331 (ergänzt)

Wie schnell die Bevölkerung eines Landes wächst, das zeigt die Wachstumsrate, der jährliche prozentuale Zuwachs. Für die Weltbevölkerung liegt die Wachstumsrate gegenwärtig bei 1,33 %. Dieser Wert scheint auf den ersten Blick ein niedriger Wert zu sein. Bezogen auf eine Weltbevölkerung von sechs Milliarden bedeutet er aber, dass jedes Jahr fast so viele zusätzliche Erdenbürger hinzukommen wie in Deutschland leben. Gerade die ärmsten Entwicklungsländer haben jedoch immer noch weit höhere jährliche Wachstumsraten, so etwa die afrikanischen Länder Mali, Niger, Tschad, Eritrea und die Demokratische Republik Kongo, die 1998 mit 3,0 % und mehr die Hitliste der am stärksten wachsenden Bevölkerungen anführten. Bei den Länderangaben muss beachtet werden, ob es sich um das natürliche Bevölkerungswachstum handelt oder um das Wachstum der Wohnbevölkerung.

natürliches Wachstum: durch biologische Vermehrung

Wachstum der Wohnbevölkerung: dies schließt die Zuwanderung mit ein

2.3 Die Einflussfaktoren der Bevölkerungsentwicklung

Für die Größe der Wachstumsrate sind zwei Kennziffern entscheidend: die Geburtenrate, die die Zahl der Lebendgeburten in einem Jahr pro 1000 Einwohnern angibt, und die Sterberate, die die Zahl der Todesfälle pro Tausend angibt. Die Wachstumsrate ergibt sich rechnerisch als Differenz aus diesen Werten. Dabei ist die unterschiedliche Angabe in Prozent und Promille (pro Tausend) zu beachten. So ergeben zum Beispiel eine Geburtenrate von 35‰ und eine Sterberate von 15‰ eine jährliche Wachstumsrate von 2%.

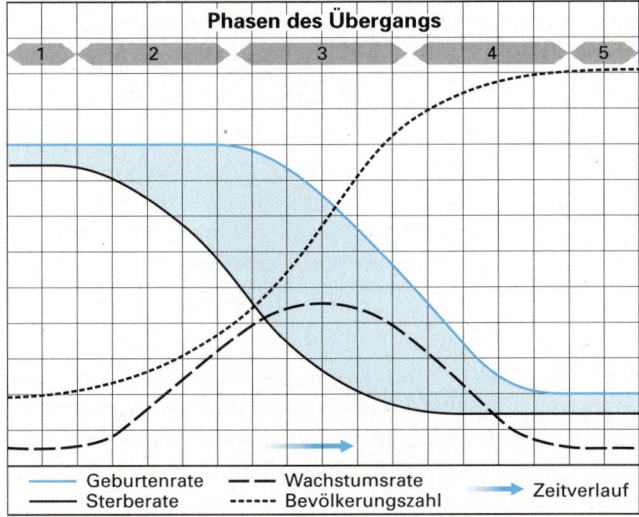

Das Modell des demographischen Übergangs
Wallert, W.: Weltbevölkerung. Klett-Perthes Gotha 1998, Folie 3

Demographen haben für die zeitliche Entwicklung der drei wichtigsten Kennziffern des Bevölkerungswachstums das Modell des demographischen Übergangs entwickelt. Es zeigt in vereinfachter Form die zeitliche Entwicklung der Geburtenrate, der Sterberate und der daraus resultierenden Wachstumsrate in den Industrieländern im Verlauf von etwa 100 Jahren.

Vor der Industrialisierung, also zu Beginn des 19. Jahrhunderts, befanden sich die Länder der nördlichen Hemisphäre in der ersten Phase. Geburten- und Sterberate lagen

Demograph: Bevölkerungswissenschaftler

auf einem hohen Niveau, das Bevölkerungswachstum war aber wegen der geringen Differenz zwischen beiden Werten nur klein.

Im Verlauf der zweiten Phase sank die Sterberate vor allem wegen des Fortschritts der Medizin und wegen der verbesserten hygienischen Bedingungen. Dadurch beschleunigte sich das Bevölkerungswachstum, denn die Geburtenrate blieb zunächst unvermindert hoch.

In der dritten Phase des Modells begann zwar auch die Geburtenrate zu sinken, die Differenz zwischen beiden Werten verringerte sich aber wenig, d.h. die Wachstumsrate blieb hoch.

In der vierten Phase näherten sich beide Werte an, die Wachstumsrate sank. In der fünften Phase lagen alle Werte dann auf einem vergleichsweise niedrigen Niveau.

Das ist der heutige Zustand in vielen Industrieländern. In manchen Industrieländern wie etwa in Deutschland hat die Entwicklung noch eine neue Qualität angenommen, denn die Geburtenrate ist unter die Sterberate gesunken. Das heißt, die natürliche Bevölkerungsentwicklung ist negativ, die Gesamtbevölkerung schrumpft zahlenmäßig, von der Zuwanderung einmal abgesehen. Diese Entwicklung seit den 80er-Jahren des 20. Jahrhunderts wird auch als sechste Phase bezeichnet.

Der dramatische Rückgang der Geburtenrate in den Industrieländern im Verlauf des 20. Jh. wird mit dem wirtschaftlichen Wandel, dem steigenden Wohlstand und mit einer veränderten Gesetzeslage erklärt. Mit dem Übergang von der Agrargesellschaft zur Industriegesellschaft wurden die Kinder nicht mehr als Familienarbeitskräfte in der Landwirtschaft benötigt. Mit steigendem Wohlstand in den Industrieländern entstanden die sozialen Sicherungssysteme, die Renten-, Kranken- und Pflegeversicherung. Die Kinder verloren ihre Funktion als „Vorsorge für das Alter". Seit den Bismarck'schen Sozialgesetzen wurde in Deutschland Kinderarbeit zunehmend verboten, wie sie zuvor in der Industrie noch üblich war. Die Kinder trugen nicht mehr zum Familieneinkommen bei, die Schulpflicht ließ sie zum „Kostenfaktor" werden. Eine weitere Entwicklung kam hinzu. In der Industrie und stärker noch im Dienstleistungssektor nahm die bezahlte Berufstätigkeit der Frauen zu, sie verfolgten zunehmend eigene berufliche

Ziele. Zusammen mit einem umfassenden Wertewandel in der industriellen und postindustriellen Gesellschaft bezüglich der Einstellung zu Kindern führte das zu dem gegebenen Rückgang der Geburtenrate in den Industrieländern auf das heutige niedrige Niveau.

Die Anwendung des demographischen Übergangs auf die Entwicklungsländer

Umstritten ist heute im Kreise der Demographen, in welchem Umfange diese modellhafte Entwicklung in den Industrieländern auf die Entwicklungsländer übertragbar ist. Einmütigkeit herrscht hinsichtlich der ersten drei Phasen. Die Sterberate konnte auch in den Entwicklungsländern gesenkt werden, teilweise schon durch die Tätigkeit der Missionare während der Kolonialzeit. In etlichen Entwicklungsländern, namentlich in Afrika, hat sich die Geburtenrate aber kaum verändert. In den noch stark agrarisch geprägten Gesellschaften gelten dabei ähnliche Gesichtspunkte wie die oben beschriebenen in den Industrieländern bis zum beginnenden 19. Jahrhundert. Hinzu kommen traditionelle und religiöse Gründe, die für eine große Kinderzahl sprechen. In patriarchalischen Gesellschaften, in denen die Männer gesellschaftlich und familiär eine dominierende Rolle einnehmen, gilt eine große Kinderzahl immer noch als Nachweis männlicher Kraft und als göttlicher Segen.

Die demographische Falle

Länder, die schon länger in der Phase 3 des demographischen Übergangs verharren, haben die höchsten jährlichen Zuwachsraten – und dieser Trend verstärkt sich noch im Sinne einer Rückkopplung. In Staaten, in denen das Bevölkerungswachstum größer ausfällt als das Wirtschaftswachstum, vergrößert sich die Armut, und je ärmer die Bevölkerung ist, desto vorteilhafter und wichtiger ist meist eine große Kinderzahl.

Demographen sprechen in diesem Zusammenhang von der demographischen Falle (auch Bevölkerungsfalle oder Armutsfalle), in der sich diese Länder befinden und aus der sie nur schwer herauskommen.

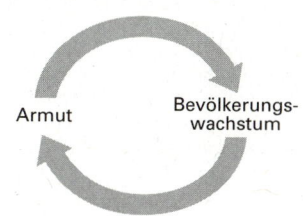

Die demographische Falle

2

Weitere Einflussfaktoren auf das Bevölkerungswachstum in den Entwicklungsländern

Zur Erklärung der raschen Bevölkerungsentwicklung müssen noch weitere Kennziffern herangezogen werden, die Demographen bei der Analyse des Bevölkerungswachstums untersuchen. Leicht nachvollziehbar ist, dass auch die steigende Lebenserwartung die in den Entwicklungsländern bei 63 Jahren liegt (gegenüber 75 Jahren in den Industrieländern), einen verstärkenden Einfluss auf das Bevölkerungswachstum hat. Weltweit ist die Lebenserwartung seit 1950 von 46 auf 66 Jahre gestiegen, für 2050 rechnet man mit einer durchschnittlichen Lebenserwartung von 76 Jahren.

Schwieriger ist es, den Einfluss der Kindersterblichkeit auf das Bevölkerungswachstum abzuschätzen. Zunächst einmal senkt eine hohe Kindersterblichkeit rechnerisch das Bevölkerungswachstum. Wenn aber von den Eltern aus langjähriger Erfahrung eine hohe Kindersterblichkeit mit einkalkuliert wird, ist es naheliegend, dass sich ein Paar „vorsichtshalber" für eine größere Kinderzahl entscheidet. Besonders viele Kinder sterben im ersten Lebensjahr. Hier spricht man von Säuglingssterblichkeit. Sie beträgt in den Entwicklungsländern 64 pro 1 000 Lebendgeborene und nur 8 in den Industrieländern. Noch um 1950 lag die Säuglingssterblichkeit im weltweiten Durchschnitt bei 155 pro 1 000 Lebendgeburten. Wenn die Säuglingssterblichkeit abgesenkt wird, so trägt das langfristig zu niedrigeren Geburtenziffern bei, denn es ändert sich das generative Verhalten der Bevölkerung, d. h. die Zahl der Kinder pro Elternpaar. Dies wird mit der Fruchtbarkeitsrate oder Fertilitätsrate ausgedrückt. In internationalen Statistiken wird dafür die sehr ähnliche Meßgröße der total fertility rate benutzt. Die TFR ist letztlich die bestimmende Einflussgröße, aus der sich die Dynamik des Bevölkerungswachstums ergibt. Dieser Wert beträgt für die Entwicklungsländer 3,3 gegenüber 1,6 für die Industrieländer.

Lebenserwartung: mittlere zu erwartende Lebensdauer ab Geburt

Kindersterblichkeit: Zahl der in den ersten fünf Lebensjahren gestorbenen Kinder pro 1000 lebend geborene Kinder

generatives Verhalten: Vermehrungsverhalten

Fruchtbarkeitsrate: Zahl der Lebendgeburten pro 1000 Frauen im gebärfähigen Alter

total fertility rate: abgekürzt TFR; im Deutschen meist mit „Gesamtfruchtbarkeitsrate" übersetzt; sehr ähnliche Größe wie die Fruchtbarkeitsrate, aber ohne die statistische Berücksichtigung der Altersstruktur der weiblichen Bevölkerung; sie ermöglicht daher erst internationale Vergleiche zwischen Ländern mit einer unterschiedlichen Altersstruktur der weiblichen Bevölkerung

Die Altersstruktur als Ursache des Bevölkerungswachstums

Die Altersstruktur einer Bevölkerung wird in Form der Alterspyramiden oder Bevölkerungspyramiden grafisch dargestellt.

Altersstruktur: Zusammensetzung einer Bevölkerung aus unterschiedlich alten Jahrgängen

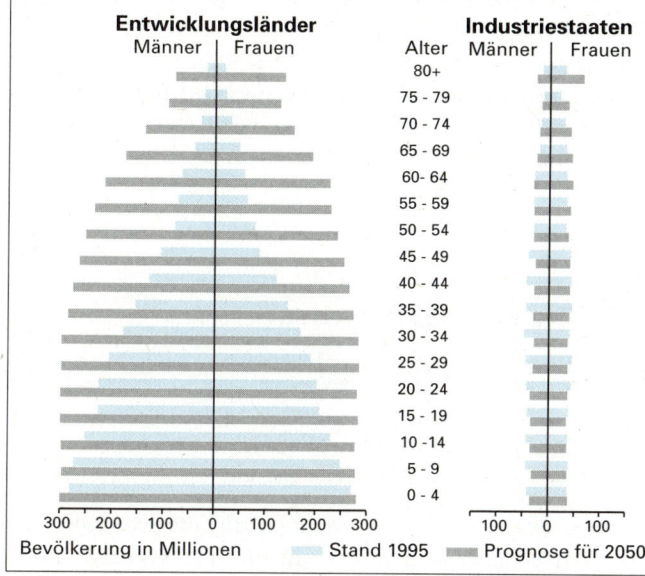

In den nächsten 50 Jahren wird sich der Anteil der alten Menschen weltweit von heute 6,8 Prozent auf 15,1 Prozent mehr als verdoppeln, sodass sich mittelfristig auch die Entwicklungsländer mit der Alterung ihrer Gesellschaften befassen müssen. Die meisten dieser Länder verfügen über keine staatliche Rentenversicherung. Die Frage nach der Versorgung der alten Menschen wird sich hier deshalb mit besonderer Schärfe stellen.

Altersaufbau in den weniger entwickelten Ländern und in den Industriestaaten
nach Süddeutsche Zeitung, 02.09.1998

Die vergleichende Betrachtung der Alterspyramiden für die Industrieländer und die Entwicklungsländer zeigt den markanten Unterschied zwischen einer überalterten Bevölkerung in den Industrieländern und einer solchen mit einem ausgeprägten Jugendsockel, wie sie die Entwicklungsländer aufweisen. Die Bevölkerung unter 15 Jahren stellt ja die zukünftige Elterngeneration dar. Ist ihr Anteil an der Gesamtbevölkerung hoch, so wird sich das Bevölkerungswachstum beschleunigen, auch wenn sich an der Fertilität nichts ändert. Mit anderen Worten: Ist der prozentuale Anteil der Frauen im gebärfähigen Alter an der Gesamtbevölkerung höher als früher, so werden pro 1 000 Einwohner mehr Kinder geboren werden, auch wenn die durchschnittliche Zahl der Lebendgeburten pro Frau sich nicht verändert. Dies nennt man die Eigendynamik des Bevölkerungswachstums: Ein hohes Bevölkerungswachstum

Jugendsockel: im unteren Teile sehr breite Bevölkerungspyramide mit einem hohen Anteil an Kindern unter 15 Jahren

gebärfähiges Alter: für statistische Zwecke: 15 bis 45 Jahre führt zu einer jungen Altersstruktur, und daraus wiederum ergibt sich das beschleunigte Wachstum in der Zukunft. So wird verständlich, warum sich in den letzten Jahrzehnten das globale Bevölkerungswachstum zunehmend in die Entwicklungsländer verlagert hat. Die Bevölkerungspyramiden zeigen auch die prognostizierte Altersstruktur und die Bevölkerungszahl der Industrie- und Entwicklungsländer für das Jahr 2050. Dabei wird noch einmal deutlich, wie rasch die Bevölkerung in den Entwicklungsländern wachsen wird, den Jugendsockel aber wird es nicht mehr geben. In den Industrieländern wird die Bevölkerung schrumpfen.

2.4 Die Perspektiven des Bevölkerungswachstums

Wird die Bevölkerung in den Entwicklungsländern weiterhin rasch wachsen? Droht die Übervölkerung der Erde?

Angesichts der gegenwärtigen Wachstumsdynamik und der Tatsache, dass derzeit mehr als eine Milliarde Menschen zwischen 15 und 24 Jahre alt sind, wird eine reproduktive Revolution gefordert, eine grundlegende Änderung des Reproduktionsverhaltens im Sinne einer deutlichen Senkung der Fertilität. Dafür müssen zwei Voraussetzungen gegeben sein:

1. Es muss es der Wunsch der Paare sein, weniger Kinder zu haben.
2. Die Elternpaare müssen in der Lage sein, die Zahl ihrer Kinder ihrem Wunsch entsprechend zu beeinflussen, d.h. ungewollte Schwangerschaften bzw. Geburten zu verhindern.

Beim ersten Aspekt, der Geburtenkontrolle bzw. der Fruchtbarkeitsregulierung, sind in den letzten Jahrzehnten große Fortschritte erzielt worden. Verschiedene Verhütungsmittel wie Kondom, Spirale und Pille sind heute weit verbreitet, bereiten aber bei der Anwendung Probleme, weil sie einen gewissen Bildungsstand und eine Aufklärung über die Anwendungsmethoden voraussetzen. Langfristig wirksame Verhütungsmittel sind als sogenannte Drei-Monats-Spritzen oder als implantierbare Hormon-

Reproduktionsverhalten: identisch mit: generatives Verhalten depots in der Erprobung. Von einer flächendeckenden Versorgung mit Verhütungsmitteln kann noch keine Rede sein. Gegenwärtigen Schätzungen zufolge haben etwa 350 Millionen Paare noch keinen Zugang zu verlässlichen Verhütungsmitteln, gegenüber 500 Millionen Paaren, die Fruchtbarkeitsregulierung praktizieren. 60 % der Paare in den Entwicklungsländern wenden heute Maßnahmen der Geburtenkontrolle an. Vor 30 Jahren waren es nur 15 %. Das ist ein großer Erfolg.

Die Anwendung von Verhütungsmethoden bereitet besonders im ländlichen Raum und in Bevölkerungsgruppen mit einem schlechten Bildungsstand noch große Schwierigkeiten. Hier setzen Bevölkerungsprogramme an, um den ungedeckten Bedarf an Verhütungsmitteln und an Informationen über Familienplanung zu befriedigen. Das Ziel ist es, ungewünschte Schwangerschaften zu verhindern, denn ungewollt sind etwa die Hälfte der jährlich 175 Mio. Schwangerschaften. Die Zahl der gewünschten Kinder liegt meist unter der tatsächlichen Kinderzahl. In Bangladesch lag bei einer Befragung die Zahl der gewünschten Kinder bei 4,1 pro Frau, die Fertilität betrug aber 5,4.

Die folgende Grafik zeigt noch einmal zusammenfassend den Beitrag der wichtigsten Einflussfaktoren auf das zukünftige Bevölkerungswachstum.

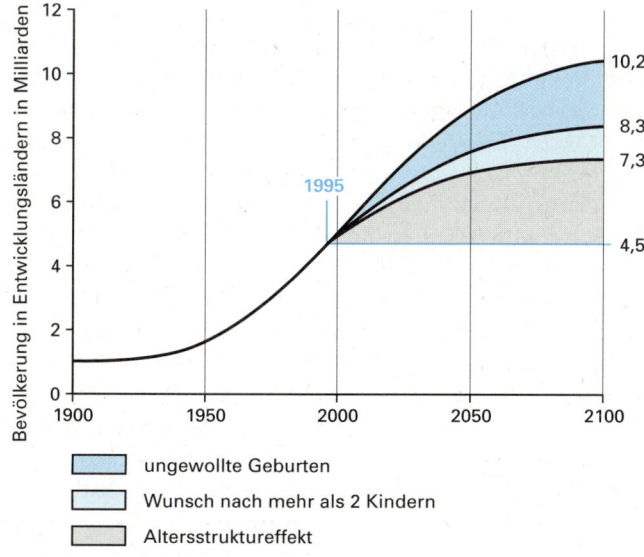

Ursachen des Bevölkerungswachstums
nach Deutsche Stiftung Weltbevölkerung (Hrsg.): Weltbevölkerung – Entwicklung und Projektionen. Hannover 1999, Graphik 4

Abtreibung: Entfernung des Fötus aus dem Mutterleib

Angestrebt wird auch eine Erhöhung der reproduktiven Gesundheit durch Maßnahmen zur Bekämpfung von Geschlechtskrankheiten, von Aids und von Müttersterblichkeit. Letztere ist dort besonders hoch, wo Abtreibungen unsachgemäß vorgenommen werden. An den Folgen von etwa 46 Mio. Abtreibungen bzw. an Komplikationen während der Schwangerschaft oder während der Geburt sterben jährlich über 585 000 Frauen weltweit. Die Abtreibung als Form der Geburtenregulierung ist auch in anderer Hinsicht problematisch. Wegen der modernen technischen Möglichkeiten, durch Ultraschallanalyse das Geschlecht von Föten zu bestimmen, werden Abtreibungen in patriarchalisch geprägten Kulturkreisen wie etwa in Indien fast ausschließlich an weiblichen Föten vorgenommen.

Die chinesische Bevölkerungspolitik

Einen Sonderfall unter den Entwicklungsländern bezüglich der Familienplanung stellt die Volksrepublik China dar. Bis in die 70er-Jahre hinein waren die Chinesen von ihrem Staatsführer Mao Zedong zu Kinderreichtum ermutigt worden. Ab 1980 trat eine äußerst radikale Kehrtwendung in der Bevölkerungspolitik ein, weil die Bevölkerungsdichte in den fruchtbaren Landesteilen erschreckende Ausmaße annahm. Fortan wurde die „Ein-Kind-Familie" propagiert. Mit Belohnungen für Familien mit einem Kind, die von finanziellen Zuschüssen bis zur bevorzugten Behandlung bei der medizinischen Betreuung und bei der Wohnungsvergabe reichten, und mit entsprechenden Strafen für Familien mit mehreren Kindern nahm der Staat unmittelbaren Einfluss auf die Kinderzahl. Geburtenkontrolle wurde als Aufgabe in der Verfassung verankert. Es wurde ein Amt für Bevölkerungskontrolle eingerichtet, die Erlaubnis zum „Kinderkriegen" muss bei staatlichen Stellen eingeholt werden. Bei Zweitschwangerschaften werden die Frauen durch sozialen Druck, der von den Nachbarschaftseinheiten oder den Betrieben ausgeht, zur Abtreibung gezwungen. So wurde das jährliche Bevölkerungswachstum auf 1 % (1998) gedrückt. Das hat maßgeblich zur Verringerung der weltweiten Wachstumsrate beigetragen. Die von internationalen Organisationen gelobte Bevölkerungspolitik hat aber auch negative Konsequenzen. Neben pädagogischen Problemen mit den verwöhnten Einzelkindern war dies vor allem das ungleichgewichtige Verhältnis der Geschlechter. In China wünscht sich jede Familie aus Gründen der Tradition einen Sohn, denn nur sie geben den Familiennamen weiter. So beziffern Schätzungen die Zahl der jährlich abgetriebenen weiblichen Föten auf 500 000 bis 750 000, und das, obwohl in China die Geschlechtsbestimmung der Ungeborenen durch Ultraschall offiziell verboten ist. Zur Jahrtausendwende wurden in China auf 100 Mädchen 120 Jungen geboren. Weltweit beträgt die Relation 100 zu 106. So entsteht ein Geburtendefizit bei Mädchen und für die Zukunft ist ein deutlicher Frauenmangel vorprogrammiert. Jeder sechste Chinese wird keine Frau finden. Eine weitere Konsequenz der „Ein-Kind-Familie" ist die rasche Überalterung der chinesischen Bevölkerung mit den entsprechenden Problemen bei der sozialen Absicherung der älteren Generation.

Das Ziel der stationären Weltbevölkerung

Das langfristige Ziel für die Weltbevölkerung ist eine stationäre Bevölkerung, bei der die Bevölkerung nicht mehr weiter wächst und auch nicht schrumpft. Das wird erreicht, wenn die Nettoreproduktionsrate 1,00 ist. Diese Kennziffer lag in der ersten Hälfte der 90er-Jahre weltweit noch bei 1,31. Sie war aber schon seit den 50er-Jahren um 0,34 abgesenkt worden. So gesehen erscheint die Zielvorstellung mittelfristig durchaus erreichbar zu sein. Allerdings gibt es noch den Faktor der Trägheit der Bevölkerungsdynamik oder das Bevölkerungsmomentum. Selbst wenn es gelänge, von einem Tag auf den anderen die Nettoreproduktionsrate auf 1,00 zu senken, würde die Weltbevölkerung noch um etwa 40 % wachsen, und zwar durch die derzeit gegebene junge Altersstruktur. Ist die stationäre Bevölkerung dereinst erreicht, so genügt das Ersatzniveau bzw. das Bestanderhaltungsniveau, um die Bevölkerung auf diesem Stand zu halten. Dabei hat jedes Paar im Schnitt 2,1 Kinder. Die Kinderzahl des Ersatzniveaus liegt über 2, weil nicht alle heiraten bzw. Kinder haben. Ende 1999 lag schon in 49 Ländern, in denen 44 % der Weltbevölkerung leben, die Fertilität beim Ersatzniveau oder darunter.

Nettoreproduktionsrate 1,00: zwei überlebende Kinder pro Ehepaar

Trägheit der Bevölkerungsdynamik: Bevölkerungswachstum, das sich nicht aus einer hohen Fertilität, sondern aus einer sehr starken Elterngeneration der 15 – 45jährigen ergibt

2

Die Rolle der Frauen

Um auch in den anderen Ländern das Ersatzniveau zu erreichen, müssen oft jahrhundertealte Traditionen, alltägliche Verhaltensweisen und religiös begründete Wertvorstellungen schrittweise verändert werden. Wie schwierig dies ist, zeigen die Bemühungen um die Gleichstellung der Frau.

Die Versuche, die Rolle der Frauen in der Gesellschaft allgemein und besonders in Fragen der Familienplanung zu stärken, werden international auch als Empowerment bezeichnet. In vielen Kulturkreisen, beispielsweise in Indien und im islamischen Kulturraum, geht der Wunsch nach einer großen Zahl von männlichen Nachkommen von den Männern aus. Von einer gestärkten Einflussmöglichkeit der Frauen, die vor allem die Lasten einer großen Kinderzahl zu tragen haben, versprechen sich die Demographen einen wichtigen Beitrag, um die Entwicklung der Weltbevölkerung in die richtige Richtung zu lenken. Dass dies in den betroffenen Kulturkreisen auf erhebliche Widerstände stößt, ja oft als Angriff auf die kulturelle Identität interpretiert wird, macht die Aufgabe nicht leichter.

Ein verbesserter Bildungsstand der Frauen in Entwicklungsländern gilt als weiterer Beitrag zur Verlangsamung des Bevölkerungswachstums. Frauen mit einer längeren Schulbildung und anschließender Berufstätigkeit heiraten später. Und sie können aufgrund einer höheren sozialen Stellung ihren Wunsch nach weniger Kindern erfolgreicher durchsetzen. Es ist festgestellt worden, dass gebildete Eltern sich im Allgemeinen weniger Nachkommen wünschen als Eltern mit einem niedrigen Bildungsstand. So liegt beispielsweise im südindischen Bundesstaat Kerala mit seiner Alphabetenrate von über 90 % die Wachstumsrate mit 1,1 % deutlich unter dem indischen Durchschnitt von 1,9 %.

Schließlich muss auch das soziale und das wirtschaftliche Umfeld so beschaffen sein, dass die Entscheidung für nur zwei Nachkommen als sachlich richtiger Entschluss empfunden wird. Solange viele Kinder noch mehr Nutzen bringen als sie Mehrkosten verursachen, solange ist eine Entscheidung für nur zwei Kinder falsch, denn man verzichtet auf dringend nötige Familienarbeitskräfte. Das ist besonders in armen Bevölkerungsgruppen der Fall. Für

Empowerment: Stärkung der rechtlichen, sozialen, wirtschaftlichen und politischen Stellung der Frauen

Arme sind viele Kinder immer noch der einzige „Reichtum", der für sie erreichbar ist. Aus diesem Grund ist auch die Strategie der Armutsbekämpfung (vergleiche Kapitel „Prinzipien und Grundsätze von Entwicklungszusammenarbeit", S. 108ff.) als Teil einer globalen Bevölkerungspolitik anzusehen. Bezeichnenderweise haben die wirtschaftlich erfolgreichen südostasiatischen Länder wie etwa Südkorea und Thailand große Erfolge bei der Eindämmung ihres Bevölkerungswachstums zu verzeichnen. Innerhalb von nur 17 Jahren konnte in Thailand die Fertilität von 6,2 auf 2,2 Kinder pro Frau gesenkt werden. In Südkorea verringerte sich die Wachstumsrate von 3,1 % (1960) auf 1,0 % (1997).

Die biographische Theorie der Fertilität

Einen Zusammenhang zwischen dem wirtschaftlichen Entwicklungsstand und der Fertilität stellt auch der deutsche Demograph *Birg* mit seiner „Biographischen Theorie der Fertilität" her. Sie besagt, dass in Ländern mit großer wirtschaftlicher Dynamik von den Arbeitnehmern eine hohe Mobilität und Anpassungsfähigkeit an sich rasch verändernde Arbeitsmarktbedingungen verlangt wird. Deshalb schwindet die Bereitschaft, sich durch die Bindung an einen Partner oder durch die Geburt eines Kindes langfristig festzulegen. Als Folge davon steigt beständig der Anteil der Frauen, die kinderlos bleiben.

Weltbevölkerungsprojektionen

Alle Bevölkerungsprojektionen sind die mathematischen Ergebnisse von Rechenmodellen, in denen von der gegenwärtigen Bevölkerungsgröße und -struktur ausgegangen wird und in die unterschiedliche Variablen eingegeben werden. Die für das Jahr 2050 veröffentlichten Werte sind deshalb nicht die Ergebnisse schwammiger Prognosen, sondern die Rechenergebnisse exakter Wenn-Dann-Analysen. Wichtig ist natürlich stets, wie verlässlich die Ausgangsdaten sind. Um die Jahrtausendwende gab es in vielen Ländern neue Volkszählungen, deren Ergebnisse besonders in Entwicklungsländern Korrekturen bisher verwendeter Daten mit sich bringen.

Seit den 90er-Jahren zeichnet sich trotz des immer noch raschen Bevölkerungswachstums ein grundlegender Wandel ab. Innerhalb von 40 Jahren konnte die globale Geburtenrate von 37,5‰ auf 23,0‰ gesenkt werden und die TFR ging zwischen 1965 und 1995 von 4,90 auf 3,26 Lebendgeburten pro Frau zurück.

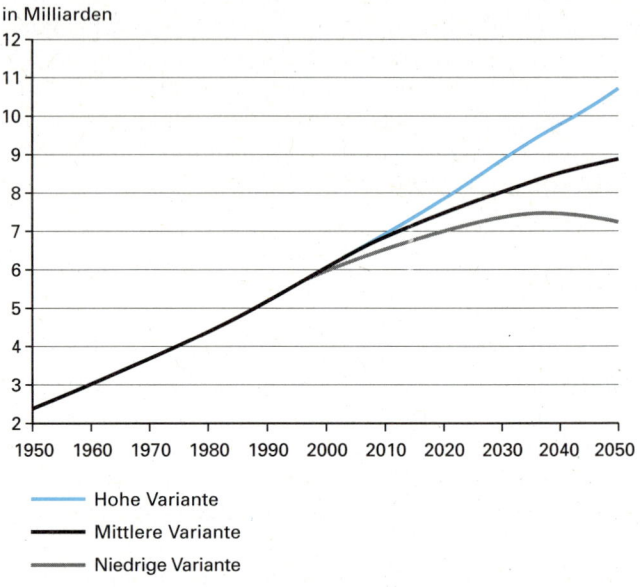

Weltbevölkerungsprojektionen für das Jahr 2050
nach Deutsche Stiftung Weltbevölkerung (Hrsg.): Weltbevölkerung – Entwicklung und Projektionen. Hannover 1999, Graphik 6

mittlere Variante: Bevölkerungsprognose unter der Annahme, dass bis 2050 die Fertilität auf 2,0 sinkt

Die derzeit gültigen Weltbevölkerungsprojektionen der UN gehen von etwa 9 Mrd. Menschen für das Jahr 2150 aus, und zwar in der mittleren Variante. In der Vergangenheit hat sich die mittlere Variante als recht realitätsnah erwiesen. Auch bei einem Zuwachs der Weltbevölkerung um „nur" drei Milliarden innerhalb der nächsten 150 Jahre wird es nicht leicht werden, den „Wettlauf zwischen Pflug und Storch" im Sinne der Familienplaner zu entscheiden.

2.5 Abi-Übung: Bevölkerungswachstum

1. Vergleichen und erklären Sie die Bevölkerungspyramiden von 1998 für China (M 1) und Indien (M 2). Beschreiben Sie die Konsequenzen, die sich aus der unterschiedlichen Ausprägung ergeben.

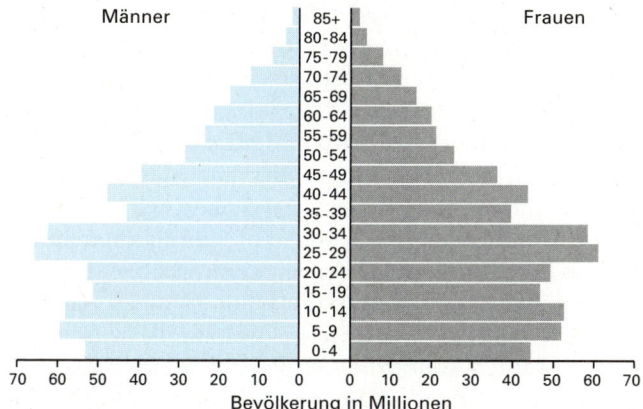

M 1: Bevölkerungspyramide China
nach www.learn-line.nrw.de/Themen/BevWachstum/
bev_entw/in/pl/plal_de.htm

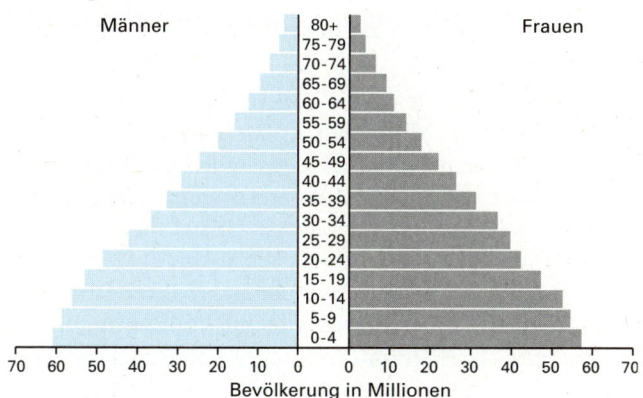

M 2: Bevölkerungspyramide Indien
nach www.learn-line.nrw.de/Themen/BevWachstum/
bev_entw/in/pl/plal_de.htm

3 Ernährung und Landwirtschaft

3.1 Malthus

Von allen Konsequenzen, die sich aus dem Wachstum der Weltbevölkerung ergeben, hat die Frage nach der Ernährung stets eine zentrale Rolle gespielt. Schon vor über 200 Jahren, als die Weltbevölkerung sich der Eine-Milliarde-Grenze näherte, beschäftigten sich Wissenschaftler mit dieser Thematik. 1798 erschien das Werk „The Principle of Population" des Engländers *Thomas Robert Malthus*. Seine Kernthese war, dass sich die Bevölkerung exponentiell vermehre, die Nahrungsmittelproduktion aber nur linear gesteigert werden könne. Daraus leitete er ab, dass die Erde, die er schon zu seiner Zeit für übervölkert hielt, die wachsende Weltbevölkerung nicht werde ernähren können. Diese These hat sich dank der Fortschritte bei der Nahrungsmittelproduktion nicht bewahrheitet. Trotzdem ist die Thematik angesichts des raschen Bevölkerungswachstums unverändert aktuell.

3.2 Unterernährung und Mangelernährung

Hunger ist heute wie in der Vergangenheit ein weit verbreitetes Problem. Man schätzt, dass derzeit 840 Millionen Menschen in den Entwicklungsländern nicht genug zu essen haben, davon 200 Millionen Kinder. Schätzungen der WHO gehen davon aus, dass ein Drittel aller Kinder in den Entwicklungsländern an Unterernährung leiden. So sterben täglich etwa 40 000 Kinder an ernährungsbedingten Krankheiten. Sie werden von Infektionskrankheiten dahingerafft, wenn sie an chronischer Unterernährung leiden. Ein Erwachsener benötigt täglich mindestens 2 500 Kalorien bei leichter Tätigkeit. Wird diese täglich verbrauchte Energiemenge nicht durch Nahrung wieder zugeführt, so kommt es zu einem Energiedefizit, das zu Gewichtsabnahme und Teilnahmslosigkeit führt. Die körperliche und geistige Leistungsfähigkeit wird erheblich beeinträchtigt. Bei Kindern bleibt langfristig auch das Körperwachstum zurück. Die Unterernährung ist also ein Defizit bei der quantitativen Ernährung. Ein Defizit bei der quali-

WHO: Abkürzung für „World Health Organization", Weltgesundheitsorganisation

Unterernährung: Kalorienmangel, quantitativ zu wenig Nahrung

tativen Ernährung ist die Mangelernährung. Bei zu einseitiger Nahrung fehlen bestimmte Proteine, Vitamine, Mineralstoffe; auch ein Defizit bei Energieträgern wie Kohlenhydrate und Fette und führen zu Mangelerscheinungen.

Mangelernährung: Form der Fehlernährung, weil die Zusammensetzung der Nahrung nicht stimmt

3.3 Hunger durch Armut

Die wichtigste Ursache für den weit verbreiteten Hunger ist der Zugang zu Nahrungsmitteln, d.h. die Hungernden sind zu arm um sich ausreichend Nahrungsmittel zu kaufen. Heute brauchte eigentlich niemand zu hungern, denn (noch) werden global Nahrungsmittel in ausreichender Menge produziert. Viele Menschen können sich die Nahrungsmittel wegen ihrer Armut aber nicht leisten. Mehr als 1,1 Milliarden Menschen leben heute von weniger als einem Dollar pro Tag. 21,4 % der Weltbevölkerung leben in absoluter Armut. Statistische Angaben über die Verfügbarkeit von Nahrungsmitteln pro Kopf sind nur von begrenzter Aussagefähigkeit, da sie nichts über die Verteilung der Kaufkraft und den Zugang zu Nahrungsmitteln in einzelnen Ländern aussagen.

absolute Armut: Begriff für die Unfähigkeit, die eigenen Grundbedürfnisse zu sichern

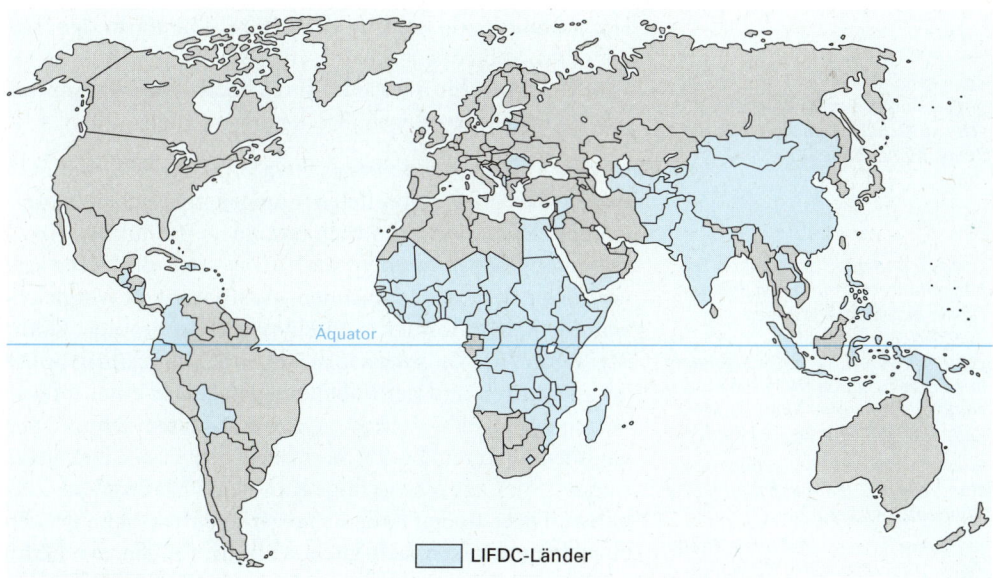

Die LIFDC-Länder
Wallert, W.: Welternährung. Klett-Perthes Gotha 1999, Folie 2

Die Karte zeigt die Länder, die zu der von der FAO festgelegten Kategorie der low-income food-deficit countries (LIFDC), gehören. Dieser fast geschlossene Gürtel überwiegend tropischer und subtropischer Länder wurde in früheren Darstellungen als „Hungergürtel" bezeichnet. Die Gründe für die Zugehörigkeit zu dieser Ländergruppe sind vielfältig. Das zeigt schon der Name der Ländergruppe, der ja eine Kombination von zwei ganz unterschiedlichen Kriterien darstellt: zum einen das Kriterium „low-income", das schon alle Industrieländer und OPEC-Länder ausschließt, zum anderen das Kriterium „food-deficit". Hier spielt der Umfang der Nahrungsmittelproduktion ebenso eine Rolle wie der Nahrungsmittelbedarf. Deshalb zählen Länder mit einer großen Bevölkerung aus Nachfragegründen zu dieser Gruppe: China, Indien, Bangladesch, Indonesien und Nigeria. Die Nahrungsmittelproduktion kann aus verschiedenen Gründen nicht ausreichend sein. Hier kommen eine Vielzahl von Faktoren zusammen, die von Land zu Land unterschiedlich sind.

3.4 Natürliche Ursachen des Hungers

Die auffällige Massierung der LIFDC-Länder in den Tropen und Subtropen scheint zunächst physisch-geografische Ursachen für die nicht hinreichende Nahrungsmittelproduktion nahezulegen. Solche gibt es auch.

In den inneren Tropen von etwa 5°N bis 5°S, die einst wegen der dort verbreiteten üppigen tropischen Regenwälder als landwirtschaftlich besonders produktive Großregion angesehen wurden, sind Latosole als Bodentyp sehr verbreitet (zu den folgenden Ausführungen vergleiche Scholliers, M.: Abiturwissen Physische Geographie. Gotha 2000, S. 97f.). Sie unterliegen wegen der ganzjährig hohen Temperaturen und der hohen Niederschläge einer intensiven chemischen Verwitterung und sind zudem sehr alt. Gegenüber jüngeren Böden herrschen hier Zweischichttonminerale vor, die eine geringe Kationenaustauschkapazität haben. Diese Böden haben eine geringe natürliche Fruchtbarkeit und lassen sich auch schlecht düngen, da Nährstoffe schlecht gespeichert und von den häufigen Niederschlägen rasch ausgewaschen werden.

---

physisch-geografisch: geografische Sachverhalte, die von Natur aus gegeben sind und nicht vom Menschen geschaffen wurden, z. B. Relief, Klima, Böden

Latosol: Bodentyp der inneren Tropen mit roter Färbung, ein anderer Name: ferrallitischer Boden

chemische Verwitterung: Zersetzung des Gesteins durch chemische Umwandlungsprozesse unter Einwirkung von Luft, Wasser und Säuren

Zweischichttonminerale: Bodenbestandteile mit geringer Fähigkeit zur Nährstoffspeicherung

Kationenaustauschkapazität: Fähigkeit von Tonmineralen, Nährstoffe zu speichern, wichtiger Faktor der natürlichen Bodenfruchtbarkeit

In den wechselfeuchten Tropen mit ihrem ausgeprägten Gegensatz von Trocken- und Regenzeit ist es die Variabilität der Niederschläge, die einen hohen Risikofaktor für das landwirtschaftliche Ertragsniveau darstellen. Im Zusammenhang mit dem in recht regelmäßigen Abständen auftretenden El Niño kommen hier extreme Witterungslagen vor, weil sich die globalen Zirkulationsmuster der Troposphäre über mehrere Monate oder auch Jahre verschieben. Dann können die sommerlichen Zenitalregen und die Monsune viel geringer ausfallen als im langjährigen Mittel. Dürrejahre sind die Folge.

Variabilität: Veränderlichkeit von Jahr zu Jahr

El Niño: Auftreten ungewöhnlich hoher Oberflächentemperaturen im östlichen Pazifik vor der peruanischen Küste

Zirkulationsmuster der Troposphäre: großräumige Luftkreisläufe in der unteren Atmosphäre, wie die Passatzirkulation oder die Walker-Zirkulation über dem Pazifik

Zenitalregen: ergiebige Niederschläge in den Tropen, die hauptsächlich durch den senkrechten Sonnenstand ausgelöst werden

Monsun: jahreszeitlich auftretender Wind in Asien, der halbjährlich seine Richtung wechselt

3.5 Wirtschaftliche Ursachen des Hungers

Wesentlich bedeutsamer als die oft so genannte „natürliche Benachteiligung der Tropen" sind die anthropogenen Faktoren für das niedrige Leistungsniveau der Landwirtschaft in vielen Entwicklungsländern. Oft ist nur der exportorientierte „moderne" Sektor der Landwirtschaft gefördert worden, denn hier werden die cash crops angebaut, die die für Investitionen dringend benötigten Devisen einbringen. Zur direkten Ernährung der Bevölkerung trägt dieser Wirtschaftssektor aber nicht bei. Dies geschieht in der traditionellen kleinbäuerlichen Subsistenzwirtschaft. Hier werden ca. 85 % der food crops für die Versorgung der Bevölkerung produziert. Aus außenwirtschaftlichen Zwängen wurden der exportorientierten Landwirtschaft aber zunehmend größere und besser geeignete Flächen zur Verfügung gestellt, die für die Nahrungsmittelproduktion dann nicht mehr zur Verfügung standen. Diese Flächennutzungskonkurrenz zwischen den Plantagen einerseits und der Subsistenzwirtschaft andererseits ist eine weitere Ursache für fehlende Nahrungsmittel.

anthropogene Faktoren: vom Menschen ausgehende Wirkungen

cash crops: (wörtlich: Bargeld-Früchte) ackerbauliche Produkte für den Verkauf oder den Export

Subsistenzwirtschaft: Form der Landwirtschaft, die vorwiegend für den eigenen Bedarf produziert

food crops: (wörtlich: Ernährungsfrüchte) ackerbauliche Produkte für den eigenen Bedarf

Flächennutzungskonkurrenz: Beanspruchung der gleichen Flächen durch zwei oder mehr Nutzungsarten

Plantage: tropischer Großbetrieb der exportorientierten Pflanzenproduktion

Besitzstrukturen in der Landwirtschaft

Auch die Besitzstrukturen in der Landwirtschaft haben einen großen Einfluss auf die landwirtschaftliche Produktivität. In Regionen mit einem ausgeprägten Großgrundbesitz, wie etwa in Lateinamerika, werden landwirtschaftliche Produktionsflächen nicht optimal sondern tendenziell eher extensiv genutzt, teilweise auch gar nicht, weil es die Eigentümer angesichts der Größe ihrer Besitzungen nicht nötig haben, ihre Flächen optimal zu nutzen. Auf der anderen Seite haben große Teile der ländlichen Bevölkerung nur begrenzten oder gar keinen Zugang zu eigenen landwirtschaftlichen Nutzflächen. 1994 besaßen nach einer FAO-Studie weltweit etwa 500 Mio. Menschen im ländlichen Raum kein eigenes Land. Bezüglich der Betriebsgröße und des Grundeigentums weisen die Landwirtschaftssysteme vieler Entwicklungsländer eine ausgeprägte dualistische Struktur auf: wenigen großen Betrieben steht die Masse der Klein- und Kleinstbetriebe gegenüber. In Lateinamerika gibt es für diesen Dualismus das Begriffspaar Latifundien und Minifundien. Auch Bodenreformen haben daran in der Vergangenheit nicht viel geändert, denn in der Regel sind die Grundeigentümer der politischen Führungsschicht zuzurechnen, die nicht auf überkommene Privilegien verzichten will.

Die Kleinstrukturiertheit und die Besitzersplitterung bei den kleinbäuerlichen Betrieben hat weitere negative Begleitumstände zur Folge. Da sie wenig Land besitzen, werden sie als nicht kreditwürdig eingestuft, denn die landarmen Bauern können keine Sicherheiten bieten. Daher ist es ihnen auch kaum möglich in moderne Agrartechnologie zu investieren. Durch leistungsfähige Maschinen, wirksame Schädlingsbekämpfungs- und Düngemittel und ertragreiches Saatgut ließe sich die Flächenproduktivität auch im Subsistenzsektor deutlich steigern, aber hierzu fehlen die finanziellen Mittel. Und von staatlicher Seite ist meist keine Unterstützung zu erwarten.

Das Arbeitskräftepotenzial im ländlichen Raum

Ein Problem stellt auch das im ländlichen Raum verbliebene Arbeitskräftepotenzial dar. Mit der fortschreitenden Urbanisierung in den Entwicklungsländern verliert der ländliche Raum seine besten Arbeitskräfte, es wandern die Leistungsfähigsten ab. Zurück bleiben Alte, Kinder und Frauen, die eine zunehmend größere Bürde bei der Erzeugung von Nahrungsmitteln auf sich nehmen müssen.

Durch den wachsenden Anteil der Menschen, die in Städten wohnen, wächst auch derjenige Anteil der Bevölke-

---

dualistische Struktur: hier: sehr gegensätzliche Eigentumsverteilung beim Landbesitz

Latifundien: landwirtschaftliche Großbetriebe

Minifundien: landwirtschaftliche Klein- und Kleinstbetriebe

Kleinstrukturiertheit: aus vielen kleinen Anbauflächen bestehend

Besitzersplitterung: Verteilung des Landbesitzes auf viele Kleineigentümer

Flächenproduktivität: Ertragshöhe pro Flächeneinheit, z. B. Dezitonnen pro Hektar (dt/ha)

rung, der von der Landwirtschaft versorgt werden muss. Werden aber zur preiswerteren Versorgung der städtischen Bevölkerung von staatlicher Seite die Nahrungsmittelpreise niedrig gehalten, so geht die Nahrungsmittelproduktion zurück. Für die Produzenten lohnt sich der Anbau kaum noch, vor allem, wenn die Produktionsmittel wie Dünger, Pflanzenschutzmittel und Saatgut sich zunehmend verteuern. Werden die Preise nicht mehr staatlich niedrig gehalten und steigen die Erzeugerpreise, die die Bauern tatsächlich erhalten, so ist das für die Produzenten in der Regel ein Motiv für eine Mehrproduktion, wie beispielsweise die Produktionssteigerungen in China gezeigt haben.

Defizite der Infrastruktur

Zur prekären Versorgungslage in vielen Ländern trägt auch die allgemein schlechte Infrastruktur im ländlichen Raum bei. Fehlende Allwetterstraßen und Transportmittel beeinträchtigen die Vermarktung der Produktion. Auch die Einlagerung einer guten Ernte ist oft kaum möglich. So gehen nach FAO-Angaben in den Entwicklungsländern regelmäßig 10 bis 15 % der Ernte verloren, in manchen Regionen Afrikas erreicht dieser Verlust sogar 50 % der Erntemenge.

Vermarktung: Verkauf an die Abnehmer

Nahrungsmittelhilfe als Ursache für Hunger

Obwohl es zunächst widersprüchlich klingt, kann auch Nahrungsmittelhilfe eine Ursache für Nahrungsmittelmangel sein. Kostenlose ausländische Hilfslieferungen, ausgelöst durch eine akute Notsituation, können auf dem inländischen Markt das Preisniveau derart drücken, dass für die Bauern die Produktion nicht mehr lohnt. Zusätzlich können die Lieferungen die Konsumgewohnheiten nachhaltig verändern. So hat in Afrika die Nachfrage nach Produkten aus dort nicht gedeihendem Weizen zugenommen, z. B. nach Baguette. Die einheimische Hirse, das traditionelle Grundnahrungsmittel der Region, wird hingegen weniger nachgefragt.

3.6 Erfolge und Probleme der Grünen Revolution

Wenn trotzdem in den letzten 25 Jahren die Nahrungsmittelproduktion schneller wuchs als die Weltbevölkerung, so ist das vor allem der Steigerung der Flächenproduktivität durch intensivere Düngung, verbesserten Pflanzenschutz, die Ausweitung der Bewässerungsflächen und die Einführung von Hochertragssorten im Rahmen der Grünen Revolution zurückzuführen.

In Indien konnte die Getreideproduktion von 52 Mio. Tonnen (1950) auf 198 Mio. Tonnen (1996/97) fast vervierfacht werden. Die Flächenproduktivität stieg bei Weizen von 664 kg/ha (1950/51) auf 2493 kg/ha (1995/96). Trotz des raschen Bevölkerungswachstums konnte so die Pro-Kopf-Verfügbarkeit von Nahrungsgetreide im oben genannten Zeitraum von 45 Jahren um mehr als ein Viertel gesteigert werden. Laut Bohle (1999) hat die Grüne Revolution ohne Zweifel dazu beigetragen „apokalyptische Hungersnöte" in Indien zu verhindern.

Die erreichten Produktionssteigerungen lassen sich allerdings nicht in die Zukunft fortschreiben. Die Hektarerträge dürften ihren Höchststand erreicht haben. Die Ressource Wasser, unverzichtbare Voraussetzung für die Erfolge der Grünen Revolution, ist weitgehend ausgenutzt und wird in naher Zukunft zu einem knappen Gut werden. Schon 1990 beanspruchte die Landwirtschaft 84 % des Wasserverbrauchs in Indien. Hier zeichnet sich eine kritische Abhängigkeit ab. Schwankungen der Ergiebigkeit der Monsunniederschläge werden direkt auf die Produktionsergebnisse durchschlagen, denn ohne künstliche Bewässerung sind Mehrfachernten nicht möglich. Für zwei Reisernten im Jahr werden beispielsweise 1500 Liter Wasser pro Quadratmeter (!) benötigt, wovon höchstens ein Drittel durch die Niederschläge gedeckt werden kann.

Der Zugang zu Wasser entscheidet folglich über die Produktionsergebnisse. Daraus ergeben sich wiederum wachsende räumliche Disparitäten zwischen den Regionen: der Punjab ist zur Kornkammer geworden, das zentrale Hochland Indiens fällt zurück. Aber auch innerhalb der Regionen und in den Dörfern wachsen die sozialen Disparitäten zwischen den Bauern mit Wasserrechten und solchen, die

---

Grüne Revolution: erhebliche Ertragssteigerungen im Ackerbau der Entwicklungsländer durch intensive Bewässerung und Düngung und die Einführung neu gezüchteter Getreidesorten

Mehrfachernten: zwei oder gar drei Ernten pro Jahr auf der gleichen Anbaufläche

räumliche Disparitäten: Ungleichgewichte bzw. Gegensätze zwischen Regionen, z. B. beim Entwicklungsstand oder beim Wohlstand

Punjab: das „Fünfstromland" am Oberlauf des Indus, gehört zu Pakistan und Indien

soziale Disparitäten: große Einkommensunterschiede zwischen armen und reichen Bevölkerungsschichten

keinen Zugang zu Bewässerungswasser haben. Diese Disparitäten werden sich auch deshalb weiter verschärfen, weil durch die Übernutzung der Wasservorräte in Indien der Grundwasserspiegel sinkt – jährlich um ein bis drei Meter. Die einfachen Brunnen der armen Bauern fallen dann zuerst trocken.

3.7 Entwicklungsperspektiven der Welternährung

In der zweiten Hälfte des 20. Jahrhunderts konnten in den Entwicklungsländern die Ernteerträge erheblich gesteigert werden, wenn auch regional betrachtet, mit sehr unterschiedlichem Erfolg. Insgesamt erhöhte sich in den Entwicklungsländern die Nahrungsmittelproduktion zwischen 1982 und 1992 um 35 %, bei nur 23 % Bevölkerungswachstum im gleichen Zeitraum. Lediglich in Afrika übertraf das Wachstum der Bevölkerung mit 36 % das der Nahrungsmittelerzeugung, das nur 25 % betrug. Hier hat sich die Nahrungsmittelversorgung fortlaufend verschlechtert, trotz niedriger Bevölkerungsdichten und erheblicher Landreserven. In den Entwicklungsländern insgesamt konnte die Nahrungsmittelversorgung pro Kopf von weniger als 2000 Kalorien pro Tag (1962) auf mehr als 2500 gesteigert werden. Die Wachstumsraten der Nahrungsmittelproduktion können aber nicht mehr auf dem Niveau der vergangenen Jahrzehnte gehalten werden, d.h. bei weiter steigender Produktion nehmen die Zuwachsraten tendenziell ab.

Die theoretischen Steigerungsmöglichkeiten sind noch erheblich. So liegt der globale Durchschnittswert der Flächenproduktivität für Weizen bei zwei Tonnen pro Hektar, während die erzielten Höchstwerte bei 14 t/ha liegen. Ähnliches gilt für Getreide allgemein. Das globale Mittel liegt derzeit bei 2,7 t/ha. In den Niederlanden werden aber 8,8 t/ha erzielt, in Botswana, das den niedrigsten nationalen Durchschnittswert hat, hingegen nur bei 0,35. In der Zukunft wird für die Steigerung der globalen Nahrungsmittelproduktion sicherlich die Gentechnologie eine wichtige Rolle spielen.

Gentechnologie: Veränderungen der Merkmale von Nutzpflanzen und Nutztieren durch Eingriffe in das Erbgut

Ein entgegengesetzter Trend zeichnet sich durch die zunehmende Wasserknappheit ab. Nach dem Bericht des *World Watch Institute* in Washington, DC „*State of the World 2000*" droht Wassermangel die globale Nahrungsmittelproduktion um mehr als 10% zu verringern. Eine Untersuchung des „*International Water Management Institute*" rechnet für die kommenden Jahre sogar mit einem Rückgang der Getreideproduktion um 25%, hervorgerufen durch Wassermangel.

Eine weitere negative Entwicklung ist, dass das für die Nahrungsmittelproduktion verfügbare Land pro Kopf in der jüngeren Vergangenheit fortlaufend abgenommen hat – vor allem wegen des Bevölkerungswachstums. Dieser Trend wird sich auch in der überschaubaren Zukunft fortsetzen, wie diese Abbildung zeigt.

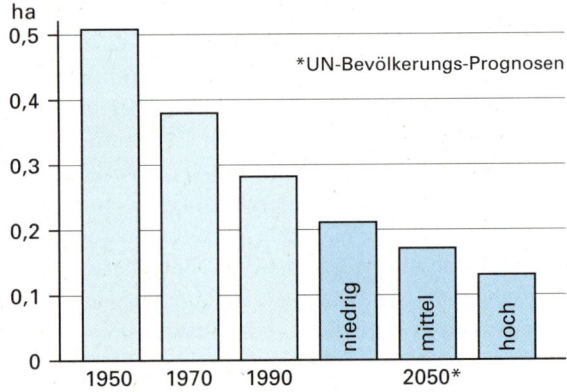

Landwirtschaftlich nutzbares Land pro Kopf
Wallert, W.: Welternährung. Klett-Perthes, Gotha 1999, S. 29

Insgesamt gibt es also eher negative Trends, aber positive (theoretische) Entwicklungsmöglichkeiten. Die globale Ernährungslage hat sich seit 1970 positiv entwickelt. Trotz des dramatischen Bevölkerungswachstums in diesem Zeitraum (vergleiche die Abbildung auf Seite 22) konnte die Zahl der unter Unterernährung leidenden Menschen in den Entwicklungsländern leicht gesenkt werden. Dieser erfreuliche Trend wird sich in der nahen Zukunft fortsetzen. Erschreckend ist aber, dass Sub-Sahara-Afrika als der rückständigste Großraum daran nicht teilhaben wird. Hier deuten sich wachsende globale Disparitäten an.

3.8 Die Tragfähigkeit der Erde

Ist angesichts von verbreitetem Hunger in den Entwicklungsländern schon heute die Tragfähigkeit der Erde erreicht oder überschritten? Die Antwort lautet: Nein.

Nach Angaben des *Population Reference Bureau* in Washington, DC könnten mit der gegenwärtigen Agrarproduktion unter der Voraussetzung, dass sich alle Menschen vegetarisch ernähren und keine Nahrungsmittel fortgeworfen werden, zehn Milliarden Menschen ernährt werden.

Die meisten Experten gehen davon aus, dass es zwar so etwas wie eine Tragfähigkeitsgrenze für die Erde gibt, dass es aber nicht möglich sein wird, sie näher zu beziffern. Zu fließend sind wichtige Einflussfaktoren wie technische und wissenschaftliche Entwicklungen, z.B. die Gentechnologie, oder die Konsumgewohnheiten der Menschen und nicht zuletzt der Zustand der natürlichen Ressourcen Klima, Wasser und Boden. So weichen denn auch die zahlenmäßigen Angaben über die auf der Erde langfristig zu ernährende Weltbevölkerung erheblich von einander ab. Sie bewegen sich zwischen 4 und 16 Mrd. Menschen. Am häufigsten genannt wird eine Zahl von 12 Milliarden.

Das entspräche dem Doppelten der heutigen Weltbevölkerung. Angesichts der aber schon erkennbaren massiven Degradierung der natürlichen Ressourcen muss bezweifelt werden, dass eine bei 12 Mrd. Menschen stabilisierte Weltbevölkerung die Erde nachhaltig nutzen kann. Schon heute gelten 15 % aller Böden weltweit als geschädigt.

Ein weiterer wichtiger Aspekt der Tragfähigkeit der Erde ist die Art der Nahrung, die die Konsumenten zu sich nehmen. In den Industrieländern haben tierische Nahrungsmittel eine große Bedeutung, ob als Steak oder als Hamburger. Das Fleisch wird in der Veredelungswirtschaft durch das Verfüttern von pflanzlichen Produkten hergestellt. Dabei geht der größte Teil der Nahrungsenergie der Futterpflanzen verloren. Für den globalen Nahrungsspielraum wird es deshalb auch von großer Bedeutung sein, ob sich mit steigendem Wohlstand in den Entwicklungs- und Schwellenländern Asiens auch die Ernährungsgewohnheiten ändern werden. So beginnen in den wohlhabenden Regionen Chinas Steaks und Fast Food die traditionellen

Tragfähigkeit: Begriff für die maximale Bevölkerungszahl, die die Erde insgesamt oder ein Teilraum ausreichend ernähren kann

Degradierung: Verschlechterung der Qualität von Ressourcen; meist bezogen auf die Bodengüte oder die Vegetation

Ressourcen: die von Natur aus auf der Erde vorhandenen Voraussetzungen für menschliches Leben und Wirtschaften; dazu zählen Luft, Wasser, Böden, Wälder, Weideflächen, der Fischreichtum der Meere, Energierohstoffe und mineralische Rohstoffe

Veredelungswirtschaft: Tierproduktion; pflanzliche Produkte werden durch Verfüttern zu Fleischprodukten „veredelt"

Grundnahrungsmittel Reis und Nudeln zu verdrängen. Selbst in den USA wächst die Zahl der Fast Food Restaurants weiter, seit 1970 hat sie sich in Relation zur Bevölkerungszahl verdoppelt. Der weltweite Fleischkonsum ist pro Kopf und Jahr von 1950 (17 kg) bis 1994 (33 kg) auf das Doppelte gestiegen. Für die Produktion von Fleisch muss aber durchschnittlich das Zehnfache an Getreideproteinen verfüttert werden.

Dagegen ist eine fleischarme oder vegetarische Ernährungsweise nicht nur ein positiver Beitrag zur globalen Ernährungslage – sie ist auch viel gesünder.

Das Problem der Nachhaltigkeit

4.1 Ökologische Probleme und Nachhaltigkeit in Entwicklungsländern

Unter ökologischer Nachhaltigkeit versteht man eine (eher theoretische) Art des Wirtschaftens, die ökologisch verträglich ist, d.h. die der Erde als menschlichem Lebensraum keine bleibenden Schäden zufügt, sodass zukünftige Generationen die gleichen Lebenschancen haben. Fachlich anspruchsvoller formuliert bedeutet Nachhaltigkeit, dass das Naturpotenzial durch die wirtschaftliche Nutzung nicht degradiert wird.

Man hört bisweilen die Meinung, Nachhaltigkeit sei am wenigsten in den Entwicklungsländern gewährleistet, dort sei die ökologische Situation viel schlechter als bei uns. Dort werde der tropische Regenwald abgeholzt, der doch auch für unser Klima so wichtig ist, die Megastädte mit der dramatischsten Luftverschmutzung seien schließlich Bangkok, Delhi und Mexiko-Stadt. Und führt nicht das schier unaufhörliche Bevölkerungswachstum in den Entwicklungsländern zur Übernutzung der natürlichen Ressourcen unserer Erde?

Abgesehen davon, dass wir oft die Abnehmer der in den Entwicklungsländern unter Hinnahme von Umweltschäden produzierten Güter sind, und das gilt nicht nur für die tropischen Edelhölzer, ist dies ist eine einseitige und falsche Sicht der Dinge.

Richtig ist, dass die Menschen in den Entwicklungsländern oft mehr unter Umweltproblemen zu leiden haben und viel direkter in ihrer Existenz betroffen sind als die Menschen in den Industrieländern. Es fehlen ihnen oft die Alternativen. Wenn Kleinbauern in geschützte Waldgebiete eindringen, dann tun sie das, um ihren Familien das Überleben zu sichern.

Die Heranbildung eines Umweltbewusstseins setzt ein funktionierendes Bildungswesen voraus, auch das ist nicht überall gegeben. Und schließlich: nachhaltiges Wirtschaften ist oft mit großen Investitionen im Umweltsektor verbunden, für Müll- und Abwasserentsorgung in den Städten, Filteranlagen in den Fabrikschornsteinen und umweltverträglichen Pflanzenschutz in der Landwirtschaft. Dazu fehlen in den Entwicklungsländern oft die Mittel. Aus diesen und anderen Gründen sind ökologische Probleme in Entwicklungsländern oft schärfer ausgeprägt. Drei dieser Problemkreise sollen im Folgenden dargestellt werden.

4.2 Schwindende Bodenressourcen

Während die Bevölkerung in den Entwicklungsländern weiter wächst, schwinden die für die Nahrungsmittelproduktion erforderlichen Bodenressourcen. Nach einer FAO-Studie sind weltweit zwei Mrd. Hektar Acker- und Weideland von mittlerer bis schwerer *Bodendegradation* betroffen. Nach einer Schätzung der UNO-Umweltorganisation UNEP sind weitere 1,6 Mrd. Hektar bedroht. Jedes Jahr gehen durch *Bodenerosion* und andere Formen der Bodendegradation ca. sechs Millionen Hektar Ackerland verloren. Das entspricht einem Verlust von fast 0,5 % der globalen Nutzfläche. Immer mehr Menschen müssen in den Entwicklungsländern demnach von einer schrumpfenden Ackerfläche ernährt werden (vgl. Abb. Seite 44).

Bodendegradation: Verringerung der Bodenqualität durch menschliche Eingriffe

Bodenerosion: verstärkte Abtragung des Bodens durch den Einfluss des Menschen, im Gegensatz zur natürlichen Erosion

Erosion durch Wasser

Die *Wassererosion* ist mit 56 % Anteil die häufigste Form der Bodenerosion. Sie ist abhängig von der Stärke der Niederschlagsereignisse, von der Bodenbedeckung, von der *Bodenart* und der Größe der *Parzellen,* vor allem aber von der Hangneigung, da sich hieraus die Fließgeschwindigkeit und damit die Erosionskraft ergibt. Es bilden sich meist *Erosionsrinnen,* die das bebaute Land zerschneiden.

Wassererosion: Abtragung durch fließendes Wasser

Bodenart: Unterteilung der Bodenbestandteile nach ihrer Korngröße in feinkörnigen Ton, gröberen Sand usw.

Parzellen: einheitlich bebaute ackerbauliche Nutzfläche

Erosionsrinnen: lineare Erosionsformen wie kleine Tälchen

Erosion durch Wind

Die *äolische Abtragung,* oft auch *Winderosion* genannt, wirkt dagegen flächenhaft. Sie ist mit 28 % an der Bodendegradation beteiligt. Die Abtragung durch Wind ist be-

äolische Abtragung: Transport von Bodenmaterial durch den Wind, z. B. in Staubstürmen sonders in ebenem Gelände wirksam, weil sich hier Stürme besser entfalten können. Ein sehr wichtiger Faktor ist die Bodenbedeckung. Die Winderosion tritt deshalb besonders in den Trockenräumen und in Dürrezeiten auf, wenn die Vegetationsdecke nur spärlich ausgeprägt ist. In den Randbereichen der Sahara, in der Sahelzone, führen Überweidung, Holzeinschlag und unangepasster Hirseanbau dazu, dass Anbauflächen verloren gehen und sich wüstenhafte Verhältnisse einstellen, z. T. wird dabei der abgewehte Boden in Form von Dünen angehäuft. Diese Erscheinungsform der Bodenzerstörung wird Desertifikation genannt, wörtlich übersetzt heißt das „Wüstmachung". Im englischen Sprachgebrauch spricht man sehr anschaulich von einer „man-made-desert". In den Sahelländern Mali und Burkina Faso haben bereits ein Sechstel der Bevölkerung durch die Desertifikation ihr Land verloren. Laut FAO fallen jährlich sechs bis sieben Mio. Hektar der Desertifikation anheim. Mittelfristig werden eine Milliarde Menschen davon betroffen sein.

Sahelzone: Landschaftszone der Dorn- und Trockensavanne südlich der Sahara

Die Winderosion trägt den obersten Bodenhorizont ab, dies ist zugleich der fruchtbarste Horizont, weil hier der nährstoffreiche Humus konzentriert ist. Die Auswirkungen sind deshalb wesentlich weitreichender als es der Verlust von wenigen Zentimetern Bodenmächtigkeit erwarten lässt.

Humus: die organischen Bestandteile eines Bodens, die aus abgestorbenen pflanzlichen oder tierischen Organismen entstehen

Bodenerosion und Bodenbildung

Die Abtragung durch Wind und Wasser ist deshalb so gravierend, weil der Prozess der Bodenbildung nur sehr langsam abläuft. Es dauert im Schnitt etwa ein Jahrhundert, bis sich ein Zentimeter Boden neu gebildet hat. Pro Jahr und Hektar bildet sich im Durchschnitt eine Tonne neuer Boden. Die Bodenerosion läuft dagegen viel rascher ab. In Asien schätzt man den jährlichen Bodenverlust auf bis zu 30 Tonnen pro Hektar.

Chemische Bodendegradation

Von ganz anderer Art als die Bodenerosion durch Wind und Wasser ist die Schädigung des Bodens durch chemische Bodendegradation. Hier sinkt die Bodenfruchtbarkeit als Folge von Schadstoffeintrag. Weit verbreitet ist in den

chemische Bodendegradation: Verschlechterung des Bodens durch Giftstoffe

Drainage (auch: Dränage): Entwässerung

irreversibel: unumkehrbar

Lateritkrusten: sehr harte, rotbraune Krusten an der Oberfläche, mit einer Konzentration von Eisen- und Aluminiumoxiden

Trockenräumen der Verlust durch Versalzung auf Bewässerungsflächen. Durch zu starke Bewässerung und fehlende Drainage konzentriert sich innerhalb weniger Jahre das im Bewässerungswasser enthaltene Salz auf den Anbauflächen, die Erträge der salzempfindlichen Kulturpflanzen sinken rapide und die Anbauflächen müssen schließlich aufgegeben werden. Die chemische Bodendegradation hat einen Anteil von 12 % an der gesamten Bodendegradation. Sie ist in aller Regel nur sehr aufwendig wieder rückgängig zu machen, in vielen Fällen ist sie irreversibel, so etwa beim Auftreten von Lateritkrusten in den wechselfeuchten Tropen. Geht durch Bodenerosion der Humushorizont an der Oberfläche verloren, so bilden sich unter dem Einfluss von Sonneneinstrahlung und Luft kaum zu beseitigende Lateritkrusten, die eine weitere Bearbeitung der Flächen verhindern.

Physikalische Bodendegradation

Versiegelung: Verschließen der natürlichen Erdoberfläche durch Bebauung, Asphaltierung usw.

Gunstgebiet: Gebiet mit natürlichen Vorzügen wie große Ebenheiten, Flussauen mit fruchtbaren Böden und dergleichen

Ökumene: die von Menschen bewohnten Gebiete der Erde

Schließlich gibt es noch die physikalische Bodendegradation, die zwar nur einen Anteil von 4 % ausmacht, die aber meist den totalen Verlust der Anbaufläche bedeutet. Darunter versteht man vor allem die Überbauung des Boden oder die Versiegelung durch Verkehrswege, Parkplätze und Ähnliches. Besonders in dicht besiedelten Regionen hat diese Form des Bodenverlustes eine große Bedeutung. Da die dicht besiedelten Regionen in der Regel aber auch die fruchtbarsten Gebiete der Erde sind, gehen hier sehr ertragreiche Böden in landwirtschaftlichen Gunstgebieten verloren. Weltweit sind das jährlich 2,5 bis 3 Mio. Hektar.

Besonders dramatisch verläuft die physikalische Bodendegradation derzeit in China und in Südostasien, wo die natürlichen Gunsträume von rascher städtischer Expansion betroffen sind. Die Städte wachsen förmlich in die Reisfelder hinein. Die Flächen, die heute noch der Landnutzung zugeführt werden können, sind von immer geringerer Qualität. Sie liegen überwiegend in den Randbereichen der Ökumene oder in steileren Lagen. Sie sind daher auch besonders von der Degradation bedroht. Anders als in früheren Jahrhunderten kann die Neulandgewinnung den Landverlust bei weitem nicht mehr wettmachen.

(vgl. Scholliers, M.: Physische Geographie. Gotha 2000)

4.3 Die tropischen Wälder drohen verloren zu gehen

Die sich rasch verschlechternde man-land-ratio (vergleiche die Abbildung auf Seite 44) erhöht den Druck auf die verbliebenen Waldflächen, die aus der Sicht der Nahrungsmittelproduzenten als Reserveflächen angesehen werden und deren Inwertsetzung vielfach schon eingeplant ist. Wälder bedecken derzeit noch 26 % der Landoberfläche, nämlich 3,45 Mrd. ha. Davon nehmen die tropischen Wälder knapp die Hälfte ein. Bezogen auf die Biomasse macht der Anteil der tropischen Wälder wegen der Wuchshöhe und -dichte etwa 70 % aus.

man-land-ratio: zahlenmäßiges Verhältnis von nutzbarem Land und Menschen

Inwertsetzung: Beginn wirtschaftlicher Nutzung

Biomasse: die Gesamtheit der belebten Masse in Pflanzen und Tieren

Die Regenwälder als Kohlenstoffsenke

Wegen ihrer unvergleichlichen Biomasse sind die tropischen Regenwälder neben den Weltmeeren als Kohlenstoffsenke am wichtigsten. Werden sie abgebrannt, so sind sie eine Quelle für CO_2. Für die zukünftige Entwicklung des Weltklimas sind die tropischen Wälder daher von entscheidender Bedeutung. Als Lieferanten von Edelhölzern, Bau- und Brennholz und von Zellulose für die Papierherstellung sind die Wälder ein bedeutender Wirtschaftsfaktor. Für indianische Stämme im Amazonastiefland ist der tropische Regenwald sogar die Existenzgrundlage schlechthin.

Kohlenstoffsenke: Speicher für den Kohlenstoff in der Atmosphäre; er wird bei der Photosynthese in der Biomasse eingelagert

Die Regenwälder als Genpool

Die unvergleichliche Artenvielfalt macht gerade die tropischen Wälder zum zentralen Genpool der ganzen Welt. Das hier vorhandene genetische Potenzial kann in seinem Umfang nur geschätzt werden. Man nimmt an, dass 40 bis 90 % aller Arten im tropischen Regenwald leben, ihre absolute Zahl wird auf 3 bis 30 Mio. geschätzt. Die Schätzungen gehen erkennbar auseinander, sicher aber ist, dass mit der Waldvernichtung in den Tropen die Biodiversität dramatisch reduziert wird. Durch die Entwaldung sollen im tropischen Regenwald jeden Tag 20 bis 75 Tier- und Pflanzenarten verloren gehen. Dass große Pharmakonzer-

Genpool: Vorkommen von genetischem Material

Biodiversität: Artenvielfalt

ne und wissenschaftliche Institutionen einen Forschungswettlauf gegen den Verlust der genetischen Vielfalt aufgenommen haben, zeigt, welcher ökonomische Stellenwert dieser bedrohlichen Entwicklung eingeräumt wird. Der Wert der Medikamente, die aus Pflanzen abgeleitet werden, wird auf jährlich 40 Mrd. Dollar geschätzt.

Die Regenwälder als Klimaregler

Für das regionale Klima sind die Wälder gleichfalls sehr wichtig, denn ein Großteil der Niederschläge in den Tropen kommt nur durch die starke Evapotranspiration zustande. Wird der Wasserkreislauf durch einen Kahlschlag unterbrochen, ändert sich das regionale Klima. Die jetzt selteneren Niederschläge können den ungeschützten Boden schneller abtragen, Stauseen verschlammen und weitere negative ökologische Folgewirkungen treten ein.

Evapotranspiration: Verdunstung an den Blattoberflächen und an der Erdoberfläche

Ausmaß und Ursachen des Waldverlustes

Nach einem FAO-Bericht von 1997 über den Zustand der Wälder geht die globale Waldfläche um jährlich 0,7 % zurück. Dramatisch verläuft die Entwicklung in den tropischen Regenwäldern. Innerhalb von nur 30 Jahren, zwischen 1960 und 1990, hat sich die Waldfläche in Afrika und Lateinamerika um 18 % verringert, in Asien sogar um 30 %. Der gegenwärtige jährliche Waldverlust liegt zwischen 0,6 % in Lateinamerika und 1,1 % in Asien.

Die Ursachen sind von Kontinent zu Kontinent verschieden. In Afrika dringt die rasch wachsende Bevölkerung in die noch bestehenden Wälder vor, um Flächen für die Subsistenzwirtschaft zu schaffen. Die für die Regeneration der Wälder erforderlichen Brachejahre können wegen des hohen Bevölkerungsdrucks nicht eingehalten werden. 70 % des afrikanischen Waldschwundes sind so zu erklären. Der Einschlag von Edelhölzern macht die Wälder für die nachrückende Bevölkerung oft erst zugänglich.

Anders in Lateinamerika. Hier sind groß angelegte Umsiedlungsprogramme, die Überflutungen durch Staudammbau, wie z. B. das gewaltige Tucurui-Projekt in Brasilien, und vor allem großflächige Brandrodungen zur

Gewinnung von Weideflächen für Rinder die vorrangigen Ursachen. In Asien treffen beide Ursachenkomplexe zusammen: Bevölkerungsdruck und exportorientierte Plantagenwirtschaft.

Steigender Holzverbrauch

In den Industrieländern stagniert der Holzverbrauch, in den Entwicklungsländern wächst er aber kontinuierlich an. Dies ist eine unmittelbare Folge des Bevölkerungswachstums. Die direkte Kopplung von Bevölkerungswachstum und Holzverbrauch wird bestehen bleiben, denn 80 % des Holzeinschlags werden als Brennholz zum Kochen und Heizen verwendet. Für fast die Hälfte der Weltbevölkerung ist Holz die wichtigste Energiequelle. Deshalb bleibt der Druck auf die Wälder hoch. Seit 1960 hat sich die pro Kopf verfügbare Waldfläche von durchschnittlich 1,2 ha auf 0,6 ha halbiert und sie wird sich bis 2025 auf 0,4 ha weiter verringern. Zwar steigt der Holzverbrauch nur in den Entwicklungsländern und er liegt höher als in den Industrieländern, aber in den Entwicklungsländern leben 80% aller Menschen, also ist ihr Pro-Kopf-Verbrauch an Holz nicht einmal halb so groß wie in den Industrieländern.

Die Suche nach Lösungen

Wegen der Verschiedenartigkeit der Problemlage kann es keine einfachen Wege zum Schutz der tropischen Wälder geben. Oft genug sind es wirtschaftliche Interessen, die dem entgegenstehen. Das kann die Notwendigkeit sein, die eigenen Kinder ernähren zu müssen, wie etwa in Afrika, es kann die Finanzierung der nationalen Entwicklung sein wie in den südostasiatischen Schwellenländern oder die ungehemmte Profitorientierung von Großgrundbesitzern wie etwa in Lateinamerika. Selbst gut gemeinte Aktionen wie der Tropenholzboykott durch die Konsumenten in den Industrieländern sind inzwischen umstritten, da ein hierdurch wirtschaftlich „wertlos" gewordener Wald umso weniger schützenswert erscheint. Als beste Möglichkeit wird die selektive Nutzung der tropischen Wälder angesehen, der Einschlag der Edelhölzer bei schonendem und nachhaltigem Umgang mit den übrigen Flächen.

selektive Nutzung: auswählende Nutzung, d. h. nur die Edelhölzer werden eingeschlagen, der Rest des Waldes bleibt stehen

4.4 Das Wasser wird knapp

Dass die Erde als „blauer Planet" bezeichnet wird, verdankt sie der Tatsache, dass zwei Drittel der Erdoberfläche von Ozeanen eingenommen werden. Da ist es nicht so leicht nachzuvollziehen, wenn vom Wasser als einem knappen Gut gesprochen wird. Es steht nur ein verschwindend geringer Teil der globalen Wasservorkommen von 1 400 Mio. km^3 für die menschliche Nutzung zur Verfügung, nämlich ein Zehntausendstel. Das sind zwar immer noch 9 000 km^3 und jährlich 1 500 m^3 pro Kopf der Weltbevölkerung, aber durch die ungleiche Verteilung, sowohl räumlich wie auch jahreszeitlich, wird schon heute in vielen Entwicklungsländern das Wasser knapp. Nach FAO-Angaben stehen in 26 Ländern weniger als 1 000 m^3 pro Kopf und Jahr zur Verfügung. Dieser Wert ist als Grenzwert für Wasserknappheit festgelegt worden. 450 Mio. Menschen sind heute davon betroffen. In 30 Jahren werden ca. 20 weitere Länder dazugehören, darunter Indien und China mit ihren Milliardenbevölkerungen.

Wasser erfüllt für den Menschen mehrere wichtige Funktionen. Die wichtigste ist die eines unverzichtbaren Lebensmittels. Außerdem dient es der Zubereitung von Nahrung und der Körperpflege und damit der Erhaltung der Gesundheit. Wasser erzeugt Energie, es ist an vielen industriellen Fertigungsprozessen beteiligt und in der Landwirtschaft ist es die Grundlage für die Nahrungsmittelproduktion. Ein Drittel aller Nahrungsmittel wird auf bewässerten Flächen erzeugt, die 17 % der weltweiten Anbauflächen ausmachen. Für alle diese Zwecke werden pro Kopf und Jahr weltweit durchschnittlich 800 m^3 Wasser verbraucht.

Dass trotz eines 1 500 m^3 umfassenden durchschnittlichen Wasserdargebots vor einer verbreiteten Wasserknappheit für die kommenden Jahrzehnte gewarnt wird, liegt u. a. am weiteren Wachstum der Weltbevölkerung um knapp 50 % bis zum Jahr 2050.

Übernutzung von Grundwasservorkommen

In vielen Trockenräumen wie etwa in Nordafrika werden fossile Grundwasservorkommen genutzt, die in absehba-

fossile Grundwasservorkommen: Grundwasservorräte, die aus früheren feuchten Abschnitten der Erdgeschichte stammen

rer Zeit erschöpft sein werden, da sie nicht durch Niederschläge ergänzt werden. Auch in den niederschlagsreicheren Regionen der Welt wird das Wasser knapp. Hier ist es der hohe Bedarf der rasch wachsenden Ballungsräume, der das lokal vorhandene Grundwasserangebot überfordert. Es wird mehr Wasser heraufgepumpt als durch die Niederschläge wieder zugeführt wird. Durch diese Übernutzung sinkt beispielsweise der Grundwasserspiegel in Beijing jährlich um 2 m, in Bangkok ist er seit 1950 um 25 m gesunken.

Hinzu kommt die Gefährdung der Wasservorkommen durch die Einleitung von Schadstoffen. Dramatisch ist die Lage in vielen Megastädten der Entwicklungsländer, in denen die lokalen Wasservorkommen durch das Fehlen einer Abwasser- und Müllentsorgung oft extrem verschmutzt werden. Bis zu 90 % aller Abwässer in den Entwicklungsländern werden unbehandelt „entsorgt". Der Aufbau der Wasserversorgung und -entsorgung kann mit dem ungeplanten Städtewachstum nicht Schritt halten. Gerade die Bewohner von Marginalsiedlungen sind häufig auf die teure Versorgung durch kommerzielle Wasserhändler angewiesen. Sie müssen bis zu 20 % ihres Geldes für den Wasserkauf ausgeben.

Knappes Trinkwasser als Kriegsgrund?

Man schätzt, dass heute eine Milliarde Menschen kein sauberes Trinkwasser haben. Infolgedessen sind 80 % aller Krankheiten in den Entwicklungsländern auf Wasserschmutzung zurückzuführen und an den dadurch ausgelösten Infektionskrankheiten sterben jährlich zwischen 10 und 25 Mio. Menschen.

Politiker und Wissenschaftler sind der Auffassung, dass Konflikte um knappes Wasser in der Zukunft ein Kriegsgrund sein könnten. Besonders gefährdet ist hier der ohnehin politisch labile Nahe Osten, wo die Nutzung des Wassers von Jordan, Euphrat und Tigris schon seit längerem umstritten ist. Ähnliches gilt für die Nutzung des Wassers des Nil und des Indus. Wasserknappheit als mögliche Kriegsursache verdeutlicht die regional enorme Schärfe des Problems.

Lösungsansätze

Einsparpotenziale sind vor allem im Bereich der Landwirtschaft gegeben, die 70 % des Wassers verbraucht. Die Hälfte des hier genutzten Wassers wird durch unangemessene Bewässerungsmethoden wie das Schichtfluten vergeudet. Hier könnte in vielen Entwicklungsländern im Agrarbereich Wasser eingespart und gleichzeitig Bodenversalzung verhindert werden. Doch das ist stets mit hohen Investitionskosten verbunden.

Schichtfluten: flächenhafte Flutung der Anbauparzellen, wobei sehr viel Wasser ungenutzt versickert

4.5 Nachhaltige Entwicklung

Nachhaltige Entwicklung ist zum zentralen Terminus in der ökologischen und entwicklungspolitischen Diskussion geworden (vergleiche Kapitel 8.5). Dies ist neben „zukunftsfähige Entwicklung" die beste Übersetzung des englischen Begriffs sustainable development. Gemeint ist eine Form der wirtschaftlichen Entwicklung, die nachfolgenden Generationen die gleichen oder zumindest vergleichbare Entwicklungschancen einräumt wie der gegenwärtigen. Erreicht werden soll das durch eine Abkehr vom Verbrauch vorhandener natürlicher Ressourcen hin zu einer nachhaltigen Nutzung derselben. Im Idealfall soll sich das Ressourcenpotenzial dabei nicht verringern oder verschlechtern. Nachhaltigkeit heißt auch, dass die Regenerationsfähigkeit der Ökosysteme durch Schadstoffeintrag nicht überfordert wird.

sustainable development: eine weitere gebräuchliche Übersetzung ist „dauerhafte Entwicklung"

Das Prinzip der Nachhaltigkeit wurde aus der Forstwirtschaft abgeleitet. Hier bedeutet es, dass nicht mehr Holz eingeschlagen wird als durch natürliche Verjüngung oder durch gezielte Aufforstungsmaßnahmen nachwächst, sodass der Bestand sich nicht verringert.

Die gegenwärtige Wirklichkeit ist vom Ziel der nachhaltigen Entwicklung noch weit entfernt. Bezogen auf die globalen Wälder lässt sich das in konkrete Zahlen fassen: Von 1990 bis 1995 verschwanden in den Entwicklungsländern 68,5 Mio. ha Wald, ganze 3,5 Mio. ha wurden aufgeforstet. Das sind nur 5 %.

Internationale Konferenzen zum Thema Nachhaltigkeit

Nachhaltigkeit wurde 1992 auf der UN-Konferenz über Umwelt und Entwicklung in Rio de Janeiro zum zentralen Begriff. Im Rahmen dieses Weltgipfeltreffens wurden mehrere Abkommen unterzeichnet.

Die Klimarahmenkonvention trat 1994 in Kraft. Diesem Abkommen sind 165 Länder beigetreten, die Maßnahmen unternehmen wollen, den Ausstoß von Treibhausgasen zu begrenzen.

Ein zweites Abkommen von Rio war die Konvention über biologische Vielfalt, die den Schutz des natürlichen Artenreichtums und eine faire Beteiligung aller Länder an der Nutzung der genetischen Ressourcen zum Ziel hat. Die Konvention trat 1993 in Kraft und wurde von 168 Ländern ratifiziert. Dem Artensterben konnte bisher aber noch nicht wirksam begegnet werden. Etwa 100 000 Pflanzen- und Tierarten sollen in den ersten fünf Jahren nach Rio verloren gegangen sein, vor allem durch den anhaltenden Raubbau im tropischen Regenwald. In den ersten fünf Jahren seit Rio sind weitere 4 % der tropischen Wälder vernichtet worden.

Schließlich wurde in Rio die Agenda 21 verabschiedet, in der auf 400 Seiten etwa 2 000 Empfehlungen für das Umsetzen des Prinzips der Nachhaltigkeit im politischen Alltag gegeben werden. Das Motto „Global denken - lokal handeln" fordert jeden von uns auf, seinen persönlichen Beitrag zur Bewahrung des Lebensraums des Menschen für zukünftige Generationen zu leisten.

Agenda 21: **ein Handlungsplan für das 21. Jahrhundert**

4.6 Abi-Übung: Nachhaltigkeit

1. Beschreiben und erklären Sie unter Zuhilfenahme von M 1 und Klimakarten, einer Karte der Landschaften oder einer Karte der natürlichen Vegetation die globale Verbreitung der Desertifikationserscheinungen.
Stellen Sie dabei die Entwicklungsländer in den Mittelpunkt Ihrer Ausführungen.

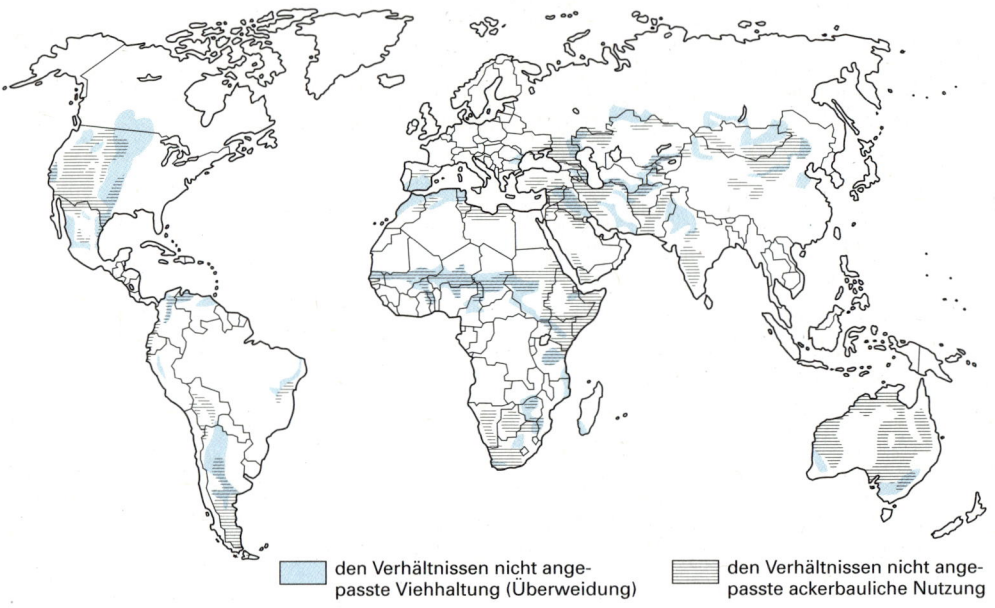

den Verhältnissen nicht angepasste Viehhaltung (Überweidung)

den Verhältnissen nicht angepasste ackerbauliche Nutzung

M 1: Anthropogene Ursachen der Desertifikation
nach ALEXANDER Gesamtausgabe. KLETT-PERTHES, Gotha 2000, S. 166

Urbanisierung und Migration 5

5.1 Formen der Urbanisierung in Entwicklungsländern

Wie im Kapitel 2 dargestellt, findet das globale Bevölkerungswachstum zu 98 % in den Entwicklungsländern statt. Die Bevölkerung wächst besonders in den Städten der Entwicklungsländer. Das flächenmäßige Wachstum der Städte und den steigenden Anteil der städtischen Bevölkerung an der Gesamtbevölkerung nennt man Urbanisierung oder Verstädterung.

Verstädterungsgrad und Verstädterungsrate

Gegenwärtig liegt der globale Verstädterungsgrad bei 45 %. Da die städtische Bevölkerung wesentlich schneller wächst als die Gesamtbevölkerung, wird sich der Verstädterungsgrad weiter erhöhen. Schon in wenigen Jahren wird mehr als die Hälfte der Weltbevölkerung in Städten wohnen.

Verstädterungsgrad: Anteil der städtischen Bevölkerung an der Gesamtbevölkerung

Bei einem Durchschnittswert von 45 % an der Gesamtbevölkerung liegt der Verstädterungsgrad in den Industrieländern (einschließlich der GUS-Länder) bei 75 %, in den Entwicklungsländern aber bei lediglich 38 %. In den am geringsten entwickelten LDC-Ländern liegt der Verstädterungsgrad sogar bei nur 22 %. Das ist leicht nachvollziehbar, ist doch der Verstädterungsgrad in engem Zusammenhang mit der gesamtwirtschaftlichen Entwicklung eines Landes zu sehen. In einer noch überwiegend agrarisch geprägten Gesellschaft ist die Bevölkerung durch ihre wirtschaftliche Tätigkeit gleichmäßig über die landwirtschaftlich nutzbare Fläche verteilt. Mit zunehmender Industrialisierung und Tertiärisierung kommt es zu einer Konzentration der Arbeitsplätze an den dafür günstigen Standorten. In ähnlicher Weise gilt dies für den Tertiären Sektor.

Tertiärisierung: Bedeutungszuwachs für den tertiären Sektor der Wirtschaft

Ganz anders verhält es sich mit der Verstädterungsrate. Sie liegt im globalen Durchschnitt gegenwärtig bei 2,5 %, während das Wachstum der Gesamtbevölkerung 1,33 %

Verstädterungsrate: jährliches prozentuales Wachstum der städtischen Bevölkerung

59

beträgt. Die städtische Bevölkerung wächst also fast doppelt so schnell wie die Gesamtbevölkerung. Und es gibt auch hier eine klare regionale Differenzierung. In den Industrieländern wächst die städtische Bevölkerung nur noch mit 0,7 % im Jahr, in den Entwicklungsländern dagegen mit 3,3 % jährlich, in den LDC-Ländern sogar mit 5,2 %.

Die Verstädterungsraten verhalten sich demnach genau umgekehrt wie die Zahlen des Verstädterungsgrades. Das ist durchaus logisch: Wenn der Verstädterungsgrad noch gering ist, ist das Zuwanderungspotenzial entsprechend groß, zumal bei einem ohnehin raschen Bevölkerungswachstum in den Entwicklungsländern.

Metropolisierung

Wo in den Entwicklungsländern die großen nationalen Metropolen, meist sind dies die Hauptstädte mit mehreren Millionen Einwohnern, die größten Zuwachsraten zu verzeichnen haben spricht man eher von Metropolisierung als von Urbanisierung. Insgesamt wird geschätzt, dass im Verlauf des letzten Jahrzehnts des 20. Jahrhunderts im Rahmen der Binnenwanderung weltweit etwa 500 Millionen Menschen vom Land in die Städte abgewandert sind.

Binnenwanderung: Wanderung innerhalb eines Landes, meist vom Land in die Städte oder in die Metropole

5.2 Die Ursachen der Urbanisierung und Metropolisierung in den Entwicklungsländern

Die für die Land-Stadt-Wanderung verantwortlichen Faktoren werden in zwei Kategorien unterteilt: in die Push-Faktoren und in die Pull-Faktoren. Die Push-Faktoren vertreiben quasi Teile der ländlichen Bevölkerung aus ihrer angestammten Umgebung. Einer der häufigsten Gründe dieser Kategorie ist der Bevölkerungsdruck. Das bedeutet, dass die Bevölkerungsdichte im ländlichen Raum zu groß geworden ist. Die landwirtschaftlichen Flächen sind durch Teilung zu klein geworden, um ihre Eigentümer zu ernähren, der Anteil der Landlosen steigt. Die Zahl der Arbeitsplätze in der Landwirtschaft wird außerdem durch die Mechanisierung der Arbeitsgänge verringert, nichtlandwirtschaftliche Arbeitsplätze stehen nur sehr begrenzt zur Verfügung. Ein weiterer Push-Faktor ist die in ländlichen Regionen weit verbreitete Armut. All dies können Gründe für *Wanderungsbewegungen* vom Land in die Stadt sein. Andere Ursachen dieser *Landflucht* können Missernten infolge von Dürren oder Überschwemmungen sein, oder auch ökologische Probleme wie etwa verbreitete Erosionsschäden durch Übernutzung der immer kleiner werdenden Parzellen. Die Degradation lebensnotwendiger Ressourcen können auch die Wasserversorgung oder die Verfügbarkeit von Brennmaterial betreffen. Die Wege zum Brennholzsammeln oder zu den Brunnen werden immer länger, die Lebensqualität auf dem Lande sinkt.

Ganz andere *Wanderungsmotive* sind die *Pull-Faktoren*. Die relative Attraktivität der Städte, zumal die der großen Metropolen und der Megastädte, liegt vor allem in der hier gegebene Konzentration von Arbeitsplätzen mit besseren Verdienst- und Aufstiegsmöglichkeiten begründet. Hinzu kommen bessere Bildungsmöglichkeiten, Einrichtungen des Gesundheitswesens, überhaupt die gesamte Infrastruktur einer Stadt. Gerade in den LDC-Ländern sind die räumlichen Disparitäten zwischen Stadt und Land besonders krass ausgeprägt. Sie lösen eine anhaltende Binnenwanderung aus, die die großen Städte dauerhaft wachsen lässt. Dabei spielt es oftmals keine Rolle mehr, ob sich die erhoffte Verbesserung der Lebensumstände auch tatsächlich realisieren lässt. Allein die Hoffnung auf einen höheren Lebensstandard löst den Zustrom in die Städte aus. Dabei spielen auch Motive wie die Faszination des modernen Stadtlebens eine Rolle, die unter dem Begriff *Bright-Lights-Effekt* zusammengefasst werden.

Bright-Lights-Effekt: abgeleitet vom Glitzereffekt der Reklameschriftzüge

Die Abwanderung aus dem ländlichen Raum erfasst nicht alle Bevölkerungsteile in gleichem Maße. Es kommt vielmehr zu einer *selektiven Migration*. Gut ausgebildete, junge und tatkräftige Bevölkerungsgruppen zeichnen sich durch eine hohe Bereitschaft zur *Mobilität* aus. Das verstärkt die Disparitäten zwischen dem ländlichen und dem städtischen bzw. dem metropolitanen Raum.

selektive Migration: Wanderung ausgewählter Bevölkerungsgruppen

Mobilität: Bereitschaft, den Wohnort zu wechseln

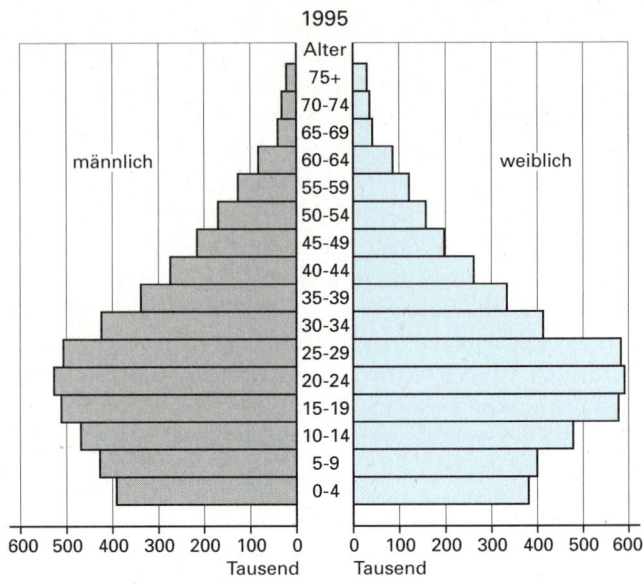

Bevölkerungspyramide von Jakarta (1995)
*Entwurf des Autors nach Daten aus: Biro Pusat Statistik (Hrsg.):
Proyeksi penduduk Indonesia per propinsi 1995 – 2005. Jakarta 1998*

Wie die Bevölkerungspyramide der indonesischen Metropole Jakarta zeigt, weicht die Altersstruktur einer Metropole deutlich von der Altersstruktur der Gesamtbevölkerung in einem Entwicklungsland ab (vergleiche hierzu die Abbildung auf S. 27). Die metropolitane Altersstruktur weist nicht den markanten Jugendsockel auf, sondern ein eindeutiges Überwiegen der Jahrgänge im Alter zwischen 15 und 29 Jahren. Das bedeutet, dass nach Abschluss der Schulausbildung besonders die jungen Leute im arbeitsfähigen Alter auf der Suche nach weiteren Ausbildungsmöglichkeiten, z.B. auf einer Universität, bzw. auf der Suche nach einem attraktiven Arbeitsplatz in die Metropole abwandern.

Deshalb ist die Bevölkerung in den Metropolen insgesamt jünger. Dies ist der zweite wichtige Grund für das schnellere Wachstum der Städte. Zu 60 % trägt das natürliche Bevölkerungswachstum zur Erhöhung der Verstädterungsrate bei. Jüngere Untersuchungen haben ergeben, dass sich das Reproduktionsverhalten der Zuwanderer relativ schnell an den städtischen Standards orientiert. Sie haben einen besseren Zugang zu Familienplanungsdiensten und zu Gesundheitseinrichtungen, auch spielen traditionelle Einstellungen in der Stadt eine geringere Rolle als auf dem Land. Trotzdem lässt der hohe Anteil der Altersgruppen von 20 bis 35 Jahren die Stadtbevölkerung rascher wachsen.

5.3 Die Auswirkungen der Binnenwanderung

Auswirkungen auf dem Lande

In Ländern mit einer ausgeprägten Binnenwanderung kommt es zu einer Überalterung der ländlichen Bevölkerung. Bei der selektiven Migration bleiben fast nur noch Alte, Frauen und Kinder in den Dörfern zurück, für die Realisierung von Entwicklungsprojekten im ländlichen Raum fehlen die wirtschaftlich aktiven Jahrgänge. Dies trägt zu einer Verschärfung der räumlichen Disparitäten in den betroffenen Ländern bei.

Auswirkungen in den Städten und Metropolen

Noch dramatischer sind die Auswirkungen der Binnenwanderung in den Städten und besonders in den Metropolen. Die große Zahl der Zuwanderer, es kann sich dabei um mehr als 1 000 Menschen pro Tag handeln, überfordert die Aufnahmekapazität der Megastädte. Die Zuwanderer findet in der Regel keine Anstellung im formellen Sektor, d.h. sie haben keinen regulären Arbeitsplatz mit einem regelmäßigen Einkommen. Ihnen bleibt oft nur eine Tätigkeit im informellen Sektor, der überwiegend der Wirtschaftsbereich der niederen Dienstleistungen ist. Hierzu zählen die Betreiber von kleinen Garküchen, die Schuhputzer, Müllsammler, Kleinsthändler usw.

Das Entstehen von Marginalsiedlungen

Behelfsmäßig wie ihr Arbeitsplatz ist auch die Unterkunft der Zuwanderer. Meist lassen sie sich in den Marginalsiedlungen nieder. Marginal sind diese Siedlungen einmal wegen ihrer Lage am Rand der Stadt, zum anderen aber auch hinsichtlich der sozialen Stellen ihrer Bewohner, die zumindest vorübergehend zu den Randgruppen der städtischen Gesellschaft zu rechnen sind. Die Marginalsiedlungen werden auch Spontansiedlungen genannt, weil sie ungeplant innerhalb kürzester Zeit entstehen, oder sie heißen squatter settlements, wenn sie auf illegal besetztem Land entstehen. Weiterhin gibt es zahlreiche regionale Namen für die Marginalsiedlungen: Favelas, Ranchos oder Barriadas heißen sie in Lateinamerika, Bidonvilles im französischen Sprachraum in Afrika. In Indien spricht man von Bustees.

Der häufig benutzte Begriff Slums ist eigentlich nicht zutreffend, denn hierunter versteht man sozial degradierte Stadtteile. Auch in Slums lassen sich Zuwanderer nieder, doch sind für die metropolitanen Stadtstrukturen in Entwicklungsländern eher die ausgedehnten Marginalsiedlungen der zugewanderten Landbevölkerung typisch. Zu einem geringeren Teil finden sich die Spontansiedlungen auch auf räumlich begrenzten Freiflächen in Zentrumsnähe, entlang von Eisenbahnlinien, unter Stadtautobahnen, in Baulücken und an sonstigen minderwertigen Standorten.

Der Anteil der Marginalbevölkerung an der Gesamtbevölkerung einer Metropole ist schwer abzuschätzen, da die Zuwanderung unkontrolliert abläuft. In einer Studie der Internationalen Arbeiterorganisation ILO wurden Anteile bis über 50 % ermittelt, so etwa für Bombay (57 %) und Lagos (58 %).

Die Lage der Marginalsiedlungen am Stadtrand ist von Nachteil, da die Bewohner zum Erreichen ihrer meist zentrumsnahen Arbeitsplätze, so sie einen haben, Geld für die öffentlichen Verkehrsmittel aufwenden müssen. Auch die Lebensbedingungen in den unterprivilegierten Stadtteilen sind marginal. Die spontan bebauten Flächen weisen keine Infrastruktur auf. Zu Beginn der 90er-Jahre hatte ein Viertel der städtischen Bevölkerung keinen Zugang zu elektrischem Strom. Wo es möglich ist, behilft man sich, indem

---

Marginalsiedlung: Siedlung am Rand einer Metropole; abgeleitet vom engl. Wort "margin" für Rand

squatter settlement: wörtlich: „Siedlung der Landbesetzer"

Bidonville: wörtlich: „Stadt aus Benzinkanistern"

sozial degradiert: sozial abgesunken, heruntergekommen

man illegal eine Leitung anzapft. Schwieriger ist es mit der Wasserversorgung. Nach Schätzungen werden über 20 % aller Marginalsiedlungen nur mit den Tankwagen privater Wasserverkäufer versorgt. Dies geschieht zu deutlich überhöhten Preisen und trifft zudem die ärmsten Bevölkerungsschichten.

Sehr problematisch gestaltet sich die Müllentsorgung und besonders die Abwasserentsorgung der Marginalsiedlungen, da hierfür erhebliche Investitionen getätigt werden müssen. Steht kein Geld zur Verfügung, so kommt es verbreitet zu unhaltbaren Zuständen, die für die Bewohner der Marginalsiedlungen ein großes Gesundheitsrisiko darstellen. Selbst die Entsorgung in offenen Abflussrinnen neben der Straße stellt schon eine fortschrittlichere Abwasserentsorgung dar.

Die Unterkünfte bestehen zumindest vorübergehend aus provisorischen Baumaterialien wie Brettern, Plastikbahnen, Blechteilen, Pappe usw. Nach und nach wird versucht, die Wohnräume aus dauerhaftem Baumaterial zu erstellen, die Wände zu mauern und Wellblech für das Dach zu verwenden. So entstehen schrittweise kleine Häuser, die um weitere Räume ergänzt und teilweise auch aufgestockt werden, um der stets herrschenden Überbelegung Herr zu werden.

Ansätze zur Verbesserung der Lebensbedingungen in Marginalsiedlungen

In Mexiko-Stadt sind durch Eigenleistungen und mit Nachbarschaftshilfe große Stadtteile entstanden, die mehrere Millionen Einwohner beherbergen und die inzwischen hinnehmbare Lebensbedingungen bieten. Sie wurden staatlicherseits mit der nötigsten Infrastruktur nachgerüstet. Nun zählt Mexiko aber zu den Schwellenländern und konnte über mehrere Jahrzehnte einen bemerkenswerten wirtschaftlichen Aufschwung verzeichnen.

Wo dies nicht der Fall ist, fällt es den Bewohnern der Marginalsiedlungen schwer, aus eigener Kraft ihre Wohnsituation zu verbessern. Mitunter werden sogenannte Upgrading-Projekte mit finanzieller Unterstützung durch internationale Organisationen durchgeführt, so z. B. in der

Upgrading-Projekt: Verbesserung der Infrastruktur in einer Maginalsiedlung durch Versorgung mit Wasser und Strom und Bau von Entsorgungseinrichtungen

tansanischen Metropole Daressalam. Dort gibt es ein Projekt der UN, eine ungeplante Siedlung nachträglich mit der nötigsten Infrastruktur nachzurüsten.

In anderen Fällen wird versucht, Spontansiedlungen erst gar nicht entstehen zu lassen und von Anfang an, auch unter den Bedingungen eines Entwicklungslandes, steuernd auf die Stadtentwicklung einzuwirken. Dazu zählen die Site-and-service-Projekte. Nur fehlen den Zuwanderern meist die bescheidenen Mittel für solche Grundstücke oder die Bereitstellung der Grundstücke kann insgesamt mit dem Tempo der Zuwanderung nicht mithalten und es bleibt bei einzelnen Projekten.

Site-and-service-Projekt: ein kleines Grundstück (site) mit Anschluss an die Infrastruktur (service) wird gestellt, das Haus muss selbst gebaut werden

Low-cost-housing-Projekt: wörtlich: „Niedrigkosten-Hausbau", Errichtung von sehr einfachen und daher billigen Wohnhäusern

Ein anderer Versuch sind die Low-cost-housing-Projekte. Solche Projekte versuchen, auch bei gegebener Mittelknappheit Mindeststandards für hygienisches städtisches Wohnen zu erreichen. Häufiger verbirgt sich hinter dem Stichwort Slumsanierung lediglich der Einsatz von Planierraupen, die die illegal errichtete Hüttenviertel einfach einebnen, ohne dass sich die Verantwortlichen um Ersatzlösungen für die Betroffenen bemühen. Das mag formalrechtlich korrekt sein, doch Menschen verlieren ihre bescheidene Existenz und eine dauerhafte Lösung wird damit nicht erreicht.

Agglomerationsnachteile in den Metropolen

Ähnlich wie in den großen Agglomerationen der Industrieländer ergeben sich in den Metropolen der Entwicklungsländer Agglomerationsnachteile, die teilweise sogar noch stärker ausgeprägt sind, weil das großstädtische Wachstum so rasch abläuft und Gegenmaßnahmen sehr kostenaufwendig sind. In Schwellenländern mit einem höheren Motorisierungsgrad stellen die Luftverschmutzung und die Verkehrsprobleme solche Agglomerationsnachteile dar. In der thailändischen Hauptstadt Bangkok sind die Verkehrsverhältnisse besonders chaotisch, weil man den Aufbau eines leistungsfähigen Massentransportsystems vernachlässigt hat. Riesige Verkehrsstaus sind der Normalzustand. Statistisch gesehen verbringt jeder Einwohner Bangkoks pro Jahr 44 Tage im Stau. Durch die verlorene Arbeitszeit entsteht so ein Schaden von jährlich zwei bis drei Milliarden US-$. Erst Ende 1999 wurden die ersten 23 km eines Hochbahnsystems in Betrieb genommen.

5.4 Zur Bewertung der Metropolisierung

Überwiegend werden in Stellungnahmen zum Phänomen der Metropolisierung die negativen Aspekte in der Vordergrund gerückt. Das ist sicherlich auch sachlich begründet. Drei Aspekte stehen dabei im Vordergrund.

Negative Aspekte der Metropolisierung

1. Eine anhaltend positive Wanderungsbilanz der Metropolen verschärft die räumlichen Disparitäten und führt so zu einer unausgewogenen Gesamtentwicklung des Landes. Der ländliche Raum bleibt zurück, die Metropole „boomt". Sie wird zunehmend zur Primatstadt. Die primacy rate vergrößert sich ständig. Im Zusammenhang damit konzentrieren sich die wichtigsten wirtschaftlichen, kulturellen und sonstigen Dienstleistungsfunktionen zunehmend in der führenden Primatstadt. Sie bietet immer ausgeprägtere Agglomerationsvorteile wie Fortbildungschancen, Erwerbsmöglichkeiten, Kultur und ein attraktives Freizeitangebot für die Erfolgreichen unter den Zuwanderern.

Bemühungen, die räumlichen Disparitäten zu mildern, können auch kontraproduktiv sein. So wurde in China in abgelegenen Dörfern der Fernsehempfang mit Satellitenschüsseln ermöglicht, mit der Folge, dass sich die Dorfbewohner erst ihrer Rückständigkeit gegenüber den Metropolen an der Küste bewusst wurden. Die Abwanderung eines Teils der Dorfbevölkerung wird vermutlich die unerwünschte Konsequenz sein.

Die funktionale Primacy ist meist noch deutlicher ausgeprägt als die der Einwohnerzahl. In mehreren Ländern hat man versucht, diesen Teufelskreis durch die Verlagerung der Hauptstadtfunktion in eine neu geplante Hauptstadt zu durchbrechen. Den afrikanischen Beispielen war aber kein erkennbarer Erfolg beschieden. Dodoma (Tansania), Abuja (Nigeria) und Yamoussoucrou (Cote d'Ivoire) sind zwar formal die Hauptstädte der jeweiligen Länder, sie haben aber an der kolonialzeitlich bedingten Primatstellung der Metropolen Daressalam, Lagos und Abidjan nichts ändern können. Lediglich Brasilia hat als im Hinterland neu gegründete Hauptstadt die Raumstrukturen Brasiliens verändern können.

Wanderungsbilanz: rechnerische Gegenüberstellung von Zuzügen und Fortzügen einer Stadt oder einer Region

Primatstadt: die beherrschende Metropole eines Landes

primacy rate: zahlenmäßiges Verhältnis der Primatstadt zur zweitgrößten Stadt

funktionale Primacy: Konzentration wichtiger Funktionen auf die Primatstadt

2. In den metropolitanen Agglomerationen kommt es durch die anhaltende Binnenmigration zu einer Verschärfung der sozialen Disparitäten. Das ständige Wachstum der städtischen Armut in den Marginalsiedlungen häuft sozialen Sprengstoff an, Teile der großen Metropolen werden schon als quasi unregierbar angesehen. Das in den Megastädten heranwachsende Konfliktpotenzial geht in seiner Dimension über den nationalen Rahmen hinaus und muss als globale Herausforderung gesehen werden.
3. Durch das rasche Wachstum der Metropole nehmen die Agglomerationsnachteile zu, die sich aus der Bevölkerungskonzentration ergeben. Die Stadtplaner sind überfordert, der Ausbau der Infrastruktur kann nicht mithalten, Versorgungs- und Entsorgungssysteme sind überlastet und können nicht schnell genug ausgebaut werden, die Grundwasservorkommen werden verseucht. Die Megastädte ersticken buchstäblich an ihrem Wachstum.

Sehr problematisch ist in vielen Metropolen die Verkehrssituation und damit auch die Luftbelastung. Chronische Atemwegserkrankungen und Herz-Kreislauf-Probleme sind weit verbreitet. In Kairo wurde bei Kindern ein Bleigehalt im Blut gemessen, der drei- bis fünfmal so hoch war wie in den ländlichen Regionen.

Hinzu kommen die problematischen bis unhaltbaren Lebensbedingungen der Menschen in vielen Marginalsiedlungen. Die unvertretbaren Lebensumstände in den Kampungs der indonesischen Hauptstadt Jakarta, die Stadtteile der Müllsortierer auf den riesigen Müllbergen von Kairo und Manila lassen Seuchen wieder aufleben und neue Krankheiten auftauchen.

Kampung: indonesischer Name für Marginalsiedlungen

Positive Aspekte der Metropolisierung

Andere Wissenschaftler können der Metropolisierung auch positive Seiten abgewinnen. Sie stellen eher die Chancen für die Zuwanderer heraus. So wird hervorgehoben, dass die Großstädte den sozialen Wandel beschleunigen, dass sie den Zugang zu Bildungs- und Gesundheitseinrichtungen erleichtern und allgemein zu einer schnelleren Modernisierung verkrusteter Sozialstrukturen beitragen, so etwa beim indischen Kastenwesen, dessen fatale Wirksamkeit in den Dörfern noch weitgehend ungebrochen ist. Die metropolitanen Ballungszentren sind aus

Kastenwesen: religiös motivierte, lebenslange Zugehörigkeit zu einer Bevölkerungsgruppe (Kaste) in Indien

dieser Sicht die innovativsten Regionen der jeweiligen Länder. In den Städten entstehen 60 bis 80 % des Bruttosozialprodukts vieler Entwicklungsländer. Ohne die hier konzentrierte Wirtschaftskraft gäbe es überhaupt keinen Fortschritt. Schließlich bedeutet die selektive Migration, dass die Besten und Tatkräftigsten in die Städte wandern. Es kommt letztlich darauf an, ob sie hier eine Chance erhalten.

5.5 Internationale Migration

Die internationale Migration über nationale Grenzen hinweg wird im Gegensatz zur Binnenwanderung auch als Außenwanderung bezeichnet. Da sie zu einem kleineren Teil auch von Kontinent zu Kontinent stattfindet, spricht man auch von globaler Migration. Anfang der 90er Jahre wurde die Zahl derer, die ihren Wohnsitz ins Ausland verlegt hatten, auf ca. 100 Mio. Menschen geschätzt. Ein Viertel von ihnen waren legale Arbeitsmigranten, ein weiteres Viertel der internationalen Migranten sind Flüchtlinge, die aus Furcht vor Verfolgung ihr Land verlassen oder vor Kriegshandlungen flüchten. Zu ihnen zählen die Bewohner afrikanischer Flüchtlingscamps ebenso wie die Asylsuchenden in Westeuropa. Die verbleibende Hälfte sind illegale oder irreguläre Migranten, die ohne gültige Einreiseerlaubnis auf der Suche nach besseren Lebensbedingungen in ein anderes Land gegangen sind.

Migrant: an einer Migration teilnehmende Person

Bei einem Vergleich mit der Binnenwanderung stellt man fest, dass die Wanderungsmotive und -prozesse der Außenwanderung denen der Binnenwanderung ähneln. Die Suche nach Arbeit ist das vorherrschende Wanderungsmotiv. Die Migranten kommen häufig aus den Marginalsiedlungen der großen Städte. In vielen Fällen ist eine Binnenmigration vorausgegangen und die internationale Migration kann als zweite Stufe eines Wanderungsprozesses angesehen werden, der durch Bevölkerungsdruck im ländlichen Raum ausgelöst wird. Ein anderes, zunehmend wichtigeres Wanderungsmotiv sind die sich verschlechternde Umweltbedingungen in den Herkunftsländern, teils auch aktuelle Katastrophen wie Dürren oder Überschwemmungen. In diesem Zusammenhang wird von Umweltflüchtlingen gesprochen.

5

Eine gänzlich anders gelagerte Ursache für die in jüngerer Zeit erkennbare Verstärkung der internationalen Migration wird in der verbesserten Kommunikation von Kontinent zu Kontinent gesehen. Dazu zählen auch die billig in Entwicklungsländer verramschten Fernsehserien, die den dortigen Zuschauern den Wohlstand in den Industrieländern vor Augen führen. So werden die Industrieländer zu den Zielregionen der internationalen Migration, die als Folge der sozialen Disparitäten im globalen Maßstab gesehen werden kann. Die globalen Disparitäten erfahren durch die Wanderungsprozesse auch eine gewisse Verstärkung, denn wie bei der Binnenwanderung findet auch hier eine selektive Wanderung statt. Nicht die Ärmsten wandern in das Ausland ab, sondern relativ gut ausgebildete und mobile Migranten. Teilweise sind es Bevölkerungsgruppen, die zur nationalen Elite zählen, weshalb dieser Abzug der „klugen Köpfe" einprägsam als brain drain bezeichnet wird.

brain drain: Zusammensetzung aus den engl. Wörtern für Gehirn und Abfluss

Um die internationale Migration aus den Armutsregionen in Richtung der „Wohlstandsinseln" nicht zu einem unkontrollierbaren Wanderungsstrom werden zu lassen, stellt die Beseitigung der Wanderungsmotive vermutlich die einzig wirksame Gegenmaßnahme dar. Vor dem Hintergrund der Vielschichtigkeit der Motive – Krieg, Umweltprobleme, globale Disparitäten – ist dies sicherlich kein leichtes Unterfangen.

Endogene Ursachen von Entwicklungsdefiziten   6

6.1 Kategorien von endogenen Ursachen

Angesichts der sehr unterschiedlichen naturräumlichen Ausstattung, der divergierenden historischen Entwicklung und der gegebenen sozio-ökonomischen Situation in den verschiedenen Entwicklungsländern können die endogenen Ursachen von Entwicklungsdefiziten nur für ein einzelnes Land untersucht werden, allenfalls für eine kleine Gruppe gut vergleichbarer Länder. Selbst das ist ein schwieriges Unterfangen, da vielfältige Faktoren in einem komplexen Ursachengefüge zusammenwirken.

endogene Ursachen: **Gründe für Entwicklungsdefizite, die im Land selbst ihren Ursprung haben**

Im Wirtschaftsprozess werden drei prinzipielle Produktionsfaktoren unterschieden, die immer zusammenwirken müssen: Boden, Arbeit und Kapital. Der Produktionsfaktor Boden darf nicht mit dem bodenkundlichen Begriff gleichgesetzt werden. Außerhalb der Landwirtschaft besteht der Produktionsfaktor Boden – bezogen auf einen einzelnen Betrieb – z. B. aus dem Grundstück, auf dem eine Fabrik steht, oder aus dem Geschäftslokal eines Reisebüros. Wenn in den Ländern der Dritten Welt Entwicklungsdefizite bestehen, so müssen Defizite bei mindestens einem der drei Produktionsfaktoren gegeben sein. Deshalb sollen im Folgenden die Produktionsfaktoren als Suchkategorie für endogene Ursachen der Entwicklungsdefizite verwendet werden.

Produktionsfaktoren: **die für jeden Produktionsprozess erforderlichen Faktoren Boden, Arbeit und Kapital**

6.2 Defizite beim Produktionsfaktor Boden

Für ein ganzes Land besteht der Produktionsfaktor Boden aus der Staatsfläche mit ihrer naturräumlichen Ausstattung. Dazu zählen die Größe der Landfläche, die Binnengewässer, das Relief, das Klima, die Bodentypen, die Vegetation, die Rohstoffausstattung. Bei allen Faktoren kann eine ungünstige Ausstattung gegeben sein, die die wirtschaftliche Entwicklung eines Landes erschweren oder verteuern kann. Die naturräumliche Ausstattung muss selbstverständlich im Zusammenhang mit der Bevölkerungszahl gesehen werden, die das Naturpotenzial nutzt.

Die geringe Größe der Staatsfläche ist in manchen Länder zwar ein Problem, doch zählen diese nicht zu den armen Entwicklungsländern, sondern - wie im Falle Singapurs - sogar zu den wohlhabenden Schwellenländern, da hier die Begrenztheit der Fläche zu besonderen Anstrengungen im Bereich der Außenwirtschaft zwang. Im weiteren Sinne gehört zur Fläche eines Landes auch seine Lage in einem Kontinent. Binnenländer haben da einen wesentlichen Nachteil, da sich die Handelsbeziehungen zum Ausland kostenträchtig gestalten und man zudem vom Wohlverhalten der Transitländer abhängig ist.

Binnenland: Land ohne eine Küste, ohne Zugang zum Meer

Transitland: Land, das von viel Verkehr durchquert wird

Das Relief kann zumindest für Teilräume eines Entwicklungslandes ein großes Hindernis bei der Erschließung sein, da sich die Kosten für den Aufbau einer Verkehrsinfrastruktur vervielfachen können. Zudem kann eine hohe Reliefenergie die landwirtschaftliche Nutzung sehr erschweren oder zu deutlich erhöhter Erosionsanfälligkeit auf den landwirtschaftlichen Nutzflächen führen. Nepal ist dafür ein bekanntes Beispiel. Das Klima kann ein entscheidender Faktor für die Entwicklungsmöglichkeiten eines Landes sein. Man denkt in diesem Zusammenhang natürlich zuerst an die Trockengürtel der Tropen und Subtropen. Riesige Gebiete im Bereich der Wendekreiswüsten sind quasi menschenleer und können landwirtschaftlich allenfalls extensiv genutzt werden. Lediglich bei wichtigen Rohstoffvorkommen werden punktuell die notwendige Infrastruktur und Verkehrsverbindungen geschaffen. Das tropische Klima vieler Entwicklungsländer kann sich negativ auf die Haltbarkeit von Maschinen oder auch von Straßen auswirken, die durch die intensiven Niederschläge während der Regenzeit unterspült werden und nur mit hohem finanziellen Aufwand als Allwetterstraßen ausgebaut werden können.

Reliefenergie: das Ausmaß der Höhenunterschiede in einer Landschaft

Wendekreiswüste: Trockengebiet im Bereich absteigender Luftbewegungen an den beiden Wendekreisen

extensiv: schonende Nutzung, ohne viel Aufwand, etwa durch Weidewirtschaft mit wenig Vieh

Aus den klimatischen Bedingungen, dem Relief und dem Ausgangsgestein leitet sich der Bodentyp ab, der für die ackerbauliche Nutzung von großer Bedeutung ist. Die natürliche Bodenfruchtbarkeit ist besonders wichtig, weil der Einsatz von Mineraldünger in den Entwicklungsländern häufig nicht so verbreitet ist. Neben der natürlichen Ausstattung mit den verschiedenen Bodentypen spielt ihr

Ausgangsgestein: das lokal vorhandene Gestein, aus dem ein Boden entsteht

Zustand, also das Ausmaß ihrer Degradation eine wichtige Rolle.

Die natürliche Vegetation kann auch ein bedeutender Entwicklungsfaktor sein, so etwa die Tragfähigkeit von Weidegründen oder das Vorhandensein von Wäldern. Gerade in armen Entwicklungsländern hat Holz als Energiequelle noch eine große Bedeutung. Entsprechend groß kann bei steigender Bevölkerungsdichte der Druck auf die Waldgebiete sein, so dass es schnell zu Degradationserscheinungen kommt, wie im Fall der Desertifikation. Die tropischen Wälder sind ein weiteres Beispiel dafür, wie durch unüberlegte Übernutzung oder vorsätzliche Zerstörung ein vorhandenes Entwicklungspotenzial ruiniert wird.

Die Ausstattung mit mineralischen und Energierohstoffen ist in manchen Entwicklungsländern der einzige wirtschaftliche Positivfaktor, der geeignet ist, Auslandskapital in das Land zu holen. Ohne Rohstoffvorkommen fehlt ein weiterer Ansatzpunkt für eine gesamtwirtschaftliche Entwicklung.

6.3 Defizite beim Produktionsfaktor Arbeit

Der Produktionsfaktor Arbeit, das ist das Arbeitskräftepotenzial eines Landes. Die reine Zahl der Arbeitskräfte ist – bezogen auf das ganze Land – nur in wenigen Entwicklungsländern ein Problem, etwa in den reichen Golfstaaten. Hier sind Millionen von Gastarbeitern aus anderen islamischen Ländern tätig. Regional ist aber die Abwanderung aus dem ländlichen Raum in vielen Entwicklungsländern schon ein spürbares Hemmnis bei den Bemühungen um ländliche Entwicklung, besonders wenn es um höher qualifizierte Arbeitskräfte geht. Diese sind in der Hoffnung auf einen besseren Arbeitsplatz in die Metropole abgewandert und es kann sich eine dualistische Wirtschaftsstruktur ausprägen, mit einem gewaltigen Entwicklungsunterschied zwischen der relativ modernen Metropole und dem rückständigen ländlichen Raum. Solche klar ausgeformten Disparitäten haben eine Tendenz sich selbst zu verstärken. Je ausgeprägter sie sind, desto stärker wirken die Anziehungskräfte der Großstadt.

Die Qualifikation des Arbeitskräftepotenzials wird als das wichtigste endogene Entwicklungshemmnis in vielen Entwicklungsländern angesehen. Zwar sind im Bildungssektor in den vergangenen Jahrzehnten die größten Entwicklungserfolge erzielt worden, doch mangelt es häufig an qualifiziertem Fachpersonal. Entscheidend sind die Qualifikation und die Arbeitsmoral des Führungspersonals. Oft wird bezüglich des zur Verfügung stehenden qualifizierten Personals verwirrenderweise auch vom Humankapital gesprochen. Das hat aber mit Kapital im eigentlichen Sinne nichts zu tun. Der Begriff soll nur ausdrücken, dass qualifiziertes Personal eine mindestens ebenso knappe Ressource ist wie das Geldkapital.

Viele Entwicklungsländer könnten in Anbetracht ihrer natürlichen Ressourcen heute einen höheren Entwicklungsstand haben als es tatsächlich der Fall ist. Unfähigkeit und Korruptheit der Führungsschicht haben sich in etlichen Entwicklungsländern in Sub-Sahara-Afrika als zentrales Entwicklungshemmnis erwiesen. Korrupte Regime haben über Jahrzehnte ganze Länder ausplündern können und Milliarden auf Schweizer Konten angehäuft. Das frühere Zaire, die Demokratische Republik Kongo, ist ein besonders krasser Fall. Aber auch in anderen Entwicklungsländern gibt es bemerkenswerte soziale Disparitäten zwischen einer kleinen Führungsschicht und der Masse des Volkes. Diese Disparitäten sind in den Entwicklungsländern viel stärker ausgeprägt als in den Industrieländern. In der Vergangenheit wurden offensichtliche Missstände oft aus politischen Gründen nicht als solche benannt und geflissentlich übersehen. Erst in den letzten Jahren wird dies offener als Grund für Entwicklungsdefizite benannt. Auch internationale Entwicklungsinstitutionen fordern mittlerweile good governance als Voraussetzung für die Gewährung von Krediten.

good governance: wörtlich: gute Regierungstätigkeit; nicht korrupte, am Gesamtwohl des Landes ausgerichtete und leistungsfähige Regierungspolitik

6.4 Defizite beim Produktionsfaktor Kapital

Der Produktionsfaktor Kapital setzt sich zusammen aus dem Geldkapital und dem Sachkapital. Beides ist in den Entwicklungsländern in der Regel nicht in ausreichendem Maße vorhanden. Dieser Kapitalmangel ist eine weitere zentrale Ursache für Entwicklungsdefizite.

Der Mangel an Geldkapital ist Ursache und Folge der Armut. Bei verbreiteter Armut kann es keine nennenswerte Kapitalbildung geben, da die Sparquote sehr niedrig liegt. Wenn dann noch Kapitalflucht bei den Bevölkerungskreisen verbreitet ist, die über entsprechende Einnahmen verfügen, dann steht im Land insgesamt zu wenig Kapital für Investitionen zur Verfügung.

Das Sachkapital besteht aus der Gesamtheit der Sachwerte. Werden diese in der Wirtschaft für den Produktionsprozess eingesetzt, so spricht man auch von Produktionsmitteln. Dazu zählen Maschinen und Fabrikhallen, Büroeinrichtungen und Hotels, aber auch die gesamte Infrastruktur mit dem Straßennetz, dem Telefonnetz und der Energieversorgung, um nur einige Beispiele zu nennen. Der Aufbau einer leistungsfähigen Infrastruktur verschlingt gewaltige Summen und dauert sehr lange. Man denke nur daran, dass ein Neubaukilometer Bundesstraße in Deutschland etwa 1,5 Mio. Euro kostet. Hinzu kommt der fortlaufende Unterhalt der Infrastruktur und der Produktionsmittel.

Es wird deutlich, dass auch unter günstigsten Umständen bestehende Entwicklungsdefizite allenfalls innerhalb von Jahrzehnten gemindert oder gar beseitigt werden können. Dass dies in einigen Tigerstaaten wie in Korea und Taiwan innerhalb von nur drei Jahrzehnten gelang, wird denn auch als „ostasiatisches Wunder" bezeichnet. Diese Erfolgsgeschichte ist nicht einfach auf andere Länder und Kulturen übertragbar. Sie taugt nicht zum Modell. Wohl aber kann aus diesen Beispielen abgeleitet werden, welche endogenen Faktoren positiv ausgeprägt sein müssen, damit ein solcher Entwicklungserfolg überhaupt möglich wird. Zu diesen Faktoren zählen u. a. eine weitgehend homogene Bevölkerungszusammensetzung, begrenzte soziale Disparitäten, ein „starker Staat" mit einer kompetenten und ambitionierten Führungsschicht und ein gut ausgebildetes und einsatzwilliges Arbeitskräftepotenzial. Die naturräumliche Ausstattung ist von eher untergeordneter Bedeutung, obwohl sie in diesen beiden Ländern nicht auffallend schlecht ist.

Kapitalbildung: Spareinlagen bei Banken, die dieses Geld als Kredite vergeben können
Sparquote: Anteil des Einkommens, der gespart wird
Kapitalflucht: (meist) illegaler Transfer von Geld in das Ausland

Tigerstaat: vom Bild des dynamisch nach vorn springenden Tigers abgeleiteter Begriff für die südostasiatischen Schwellenländer, die bis 1997 jährlich hohe Wirtschaftwachstumsraten verzeichnen konnten; zur ersten Generation der „Vier kleinen Tiger" gehörten: Südkorea, Singapur, Taiwan und die frühere britische Kronkolonie Hongkong

7 Exogene Ursachen von Entwicklungsdefiziten

7.1 Historische Ursachen

exogene Ursachen: von außen, vom Ausland her wirkend

Neben den endogenen Ursachen für bestehende Entwicklungsdefizite gibt es ein Bündel von exogenen Ursachen, die teilweise auf historische Sachverhalte zurückgehen, teils auf heute noch wirksame.

Nach den großen Entdeckungsreisen Ende des 15. Jahrhunderts (Amerika: 1492, Seeweg nach Indien: 1498) wurden im Zeitalter des Kolonialismus vom 16. bis in die Mitte des 20. Jahrhunderts die heutigen Entwicklungsländer zu Siedlungsgebieten und Kolonien europäischer Mächte. Spanier und Portugiesen eroberten das heutige Lateinamerika, Briten und Franzosen brachten große Teile Nordamerikas, Afrikas, Asiens und Australiens unter ihre Kontrolle. Weitere europäische Kolonialmächte waren Holland, Belgien und Deutschland. Die Motive für den Aufbau eigener Kolonialreiche reichten vom christlichen Missionsgedanken über wirtschaftliche Vorteile bis zur Sicherung der weltpolitischen Stellung der Kolonialmächte.

Die Auswirkungen auf die damaligen Kolonien und heutigen Entwicklungsländer sind überwiegend negativ zu beurteilen, auch wenn durch die Kolonialmächte eine Verkehrsinfrastruktur, ein Gesundheits- und ein Bildungswesen aufgebaut wurden. Das beherrschende Motiv war die Ausbeutung des wirtschaftlichen Potenzials der Kolonien. Sie wurden zu Rohstofflieferanten für die Industrien in Europa und zu Absatzmärkten für die Industrieprodukte. So entwickelte sich schrittweise, was später die internationale Arbeitsteilung (siehe Abbildung folgende Seite) genannt wurde.

Entscheidend war die weitgehende Ausrichtung der wirtschaftlichen „Entwicklung" der Kolonien auf die Bedürfnisse der Kolonialmächte. Die Kolonien wurden zu wirtschaftlichen Ergänzungsräumen Europas. Die großflächigen Plantagen sind eines der Relikte der Kolonialzeit in den Entwicklungsländern. Hier wurden die Produkte hergestellt, die aus klimatischen Gründen in Europa nicht produziert werden konnten. Gleichzeitig mussten die Kolonien Industrieprodukte aus dem Mutterland abnehmen.

Indien gilt als Beispiel für die besonders skrupellose Ausrichtung einer Kolonie auf die Wirtschaft der Kolonialmacht. Das Textilgewerbe hatte in Indien ein hohes Niveau, mit dem die britische Textilproduktion anfangs nicht konkurrieren konnte. Erst nach der Einführung des mechanischen Webstuhls konnten Stoffe massenhaft und sehr preiswert hergestellt werden. Damit überschwemmte England auch den indischen Markt und ruinierte so das indische Textilhandwerk. Indien stieg zum Rohstofflieferanten für die englische Industrie ab, eine eigenständige wirtschaftliche Entwicklung war zerstört, Arbeitslosigkeit und Hunger waren die Folge.

Die im Zeitalter des Imperialismus aufgebauten Kolonialreiche wurden in unterschiedlicher Form beherrscht, durch mit Privilegien ausgestattete Handelsgesellschaften wie die *East India Trade Company* oder direkt durch Gouverneure, die den Kolonialministerium im Mutterland unterstanden. Oft stützte sich die Kolonialmacht auf vorhandene Machtstrukturen und band die bestehende Elite in ihre Herrschaftsstrukturen ein. Die einheimische Führungsschicht studierte an den Universitäten des Mut-

Imperialismus: Politik, die eine Ausdehnung des Machtbereichs anstrebt

terlandes und wurde so der eigenen Kultur entfremdet. Dies wirkt bis in die heutige Zeit hinein. Für die Eliten in vielen Entwicklungsländern spielen die wirtschaftliche Kooperation mit der ehemaligen Kolonialmacht und die Verfolgung eigener wirtschaftlicher Interessen eine wichtigere Rolle als die Entwicklung ihres Landes. Auch nach der formalen politischen Selbstständigkeit bestand daher für viele Entwicklungsländer die Abhängigkeit von der einstigen Kolonialmacht in geistiger, institutioneller und vor allem wirtschaftlicher Hinsicht fort, wofür sich der Begriff Neo-Kolonialismus eingebürgert hat. Als wirtschaftlich schwächerer Partner können diese Entwicklungsländer eigene wirtschaftliche Entwicklungsstrategien nicht in dem Maße verfolgen, wie es für eine ausgewogene, auf die eigenen Bedürfnisse abgestimmte Entwicklung erforderlich wäre.

Neo-Kolonialismus: weiter bestehende wirtschaftliche Abhängigkeit der heutigen Entwicklungsländer von ihren ehemaligen Kolonialmächten

Auch ein weiteres Problem vieler, vor allem afrikanischer Entwicklungsländer ist eine direkte Folge des Kolonialzeitalters und lässt sich gleichfalls auf jeder Atlaskarte Afrikas erkennen: die oft gradlinigen in Europa festgelegten willkürlichen Staatsgrenzen, die manchmal vielleicht natürliche Gegebenheiten berücksichtigen, nicht aber ethnische oder kulturelle Zusammengehörigkeiten. So zerschneiden heute diese Grenzen einheitliche Wirtschaftsräume, etwa die Weidegebiete von Nomaden, oder auch Stammesgebiete, während innerhalb der Grenzen eines Landes das Zusammenleben verschiedener Ethnien Probleme bereitet. Viele innenpolitische Konflikte und Bürgerkriege in Afrika sind als direkte Folge kolonialer Grenzziehungen anzusehen, ob im Sudan, Nigeria, Kenia oder in der Demokratischen Republik Kongo (Zaire). Der Tribalismus hat eine lange Tradition und ist nach wie vor lebendig. Er prägt entscheidend die sozialen, wirtschaftlichen und politischen Strukturen vieler afrikanischer Entwicklungsländer und erschwert die gesamtstaatliche Entwicklung. Nation-building war daher nach der Unabhängigkeit in den 60er-Jahren des 20. Jahrhunderts eine vorrangige Aufgabe in afrikanischen Entwicklungsländern, zu oft konnten die Ziele jedoch nicht verwirklicht werden.

Ethnie: kulturell einheitlich geprägte Volksgruppe

Tribalismus: das Denken und Handeln der Menschen wird von der Stammeszugehörigkeit beherrscht

Nation-building: Herausbildung einer nationalen Identität

7.2 Die Stellung der Entwicklungsländer im Welthandel

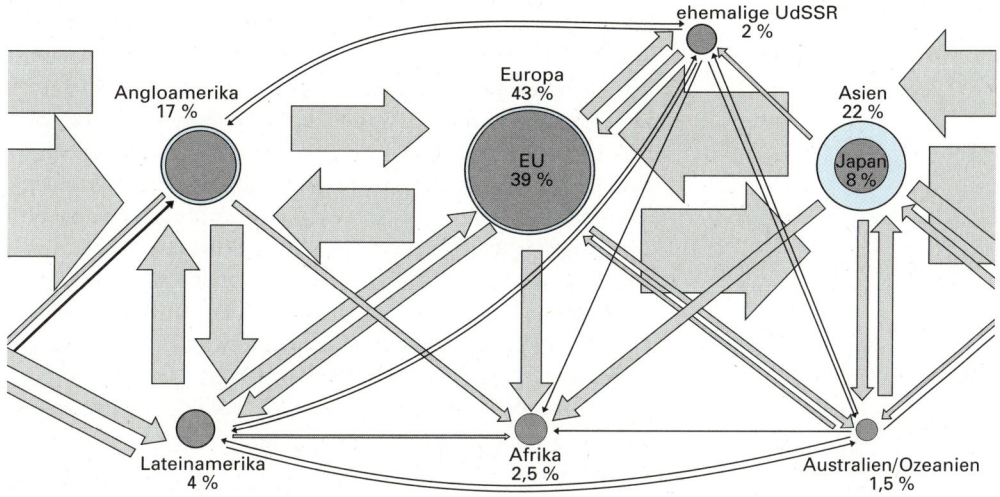

Prozentangaben: Anteile am Welthandel (Export + Import) 1995
Breite der Pfeile: absolute Größe der Warenlieferungen (0,8 mm Pfeilbreite entsprechen 10 Milliarden US-$)

Welthandelsverflechtungen 1996
Wallert, W.: Welthandel. KLETT-PERTHES, Gotha 1998, Folie 11

Die Abbildung oben zeigt die wesentlichen Strukturen des Welthandels. Die Kreise stellen die Kontinente und einzelne Länder nach ihrem Anteil am Welthandel für das Jahr 1995 dar, die Pfeile veranschaulichen den Umfang der Warenexporte für das gleiche Jahr. Die Exporte aus Afrika waren der verwendeten Datenquelle nicht zu entnehmen.

Auf den ersten Blick wird deutlich, welch bedeutenden Anteil die Länder der Triade am Welthandel haben und wie vergleichsweise unbedeutend der Anteil der Entwicklungsländer am Welthandel ist. Das Gleiche gilt für die aus der ehemaligen UdSSR hervorgegangene Ländergruppe, deren mittelasiatische Länder ja inzwischen auch zu den Entwicklungsländern gezählt werden.

Triade: Sammelbegriff für die wichtigsten Industrieländer: USA, EU, Japan

Den unterschiedlich großen Anteilen am Welthandel entsprechen die von den Pfeilen symbolisierten Exportströme. Sie verlaufen vorwiegend in Ost-West-Richtung auf der Nordhalbkugel, d.h. die großen Wirtschaftsmächte treiben in ersten Linie Handel unter sich selbst. Gering entwickelt ist demgegenüber der Warenaustausch unter den Entwicklungsländerkontinenten.

7

Die Theorie der komparativen Kosten

Nach dem Modell der internationalen Arbeitsteilung müsste der Nord-Süd-Handel eigentlich bedeutender sein, auch nach der Theorie der komparativen Kosten des Engländers *David Ricardo* (1772–1823). Nach dieser Theorie spezialisiert sich jeder Handelspartner auf diejenigen Produkte, die er vergleichsweise günstig herstellen kann. Durch den Warenaustausch profitieren dann beide Seiten von den niedrigeren Herstellungskosten. Durch den Warenaustausch mittels Export und Import lassen sich eigentlich Vorteile für beide am Warenaustausch beteiligte Seiten erzielen. Die Wirklichkeit sieht aber anders aus. Für die Entwicklungsländer ist der Handel mit den Industrieländern zwar wichtig, nicht aber umgekehrt. Die Industrieländer tauschen ihre Waren vor allem untereinander aus. Bemerkenswert ist lediglich die vergleichsweise enge Verflechtung Afrikas mit Europa. Hier ist noch etwas von der einstigen internationalen Arbeitsteilung der Kolonialzeit zu erkennen.

Monostrukturen des Exports

Warenstruktur: Zusammensetzung der Exporte nach Warengruppen

Monokultur: große Fläche, auf der jedes Jahr die gleiche Nutzpflanze angebaut wird

Monostruktur des Exports: ein Produkt dominiert die Ausfuhr eines Landes

Das gilt auch für Warenstruktur des Handels. Die großen Monokulturen der Plantagenwirtschaft und die Monostrukturen des Exports sind ein Erbe der Kolonialzeit. Wenn ein Land bei seinen Exporten von einem oder wenigen Exportgütern abhängig ist, so ist die gesamte Wirtschaft dieses Landes an das Auf und Ab der Rohstoffpreise auf dem Weltmarkt gekoppelt. Nach einer Studie der Weltbank von 1999 werden die Rohstoffpreise in der absehbaren Zukunft auf dem für die Entwicklungsländer katastrophal niedrigen Niveau bleiben. Und wieder wird Sub-Sahara-Afrika zu den Hauptleidtragenden zählen, weil hier rund drei Viertel der Exporterlöse aus dem Rohstoffexport stammen.

Fast ausschließlich Entwicklungs- und Schwellenländer weisen Monostrukturen des Exports auf. Dass die Erdölexporteure von solchen Monostrukturen geprägt sind, ist leicht nachvollziehbar. Hier bestehen die Exporte überwiegend zu mehr als 80 % aus Erdöl oder Erdölprodukten.

Besonders schwierig ist die Lage bei Ländern, deren Export von landwirtschaftlichen Produkten dominiert wird. Diese Produkte sind meist nur begrenzt lagerfähig und außerdem ist das Ernteergebnis von ungünstigen Witterungsbedingungen und von eventuellem Schädlingsbefall bedroht. Die wirtschaftliche Entwicklung dieser Länder ist also durch die Monostruktur des Exports noch weiteren Risiken ausgesetzt als nur den Preissprüngen am Weltmarkt.

7.3   Die Terms of Trade

Der ökonomische Fachbegriff Terms of Trade lässt sich nur annäherungsweise übersetzen. Es sind die „Bedingungen, zu den Handel betrieben wird". Aber auch der englische Fachbegriff ist eigentlich nicht hinreichend präzise, da er so klingt, als würde ein Zustand beschrieben. Die Terms of Trade beschreiben aber immer eine Entwicklung in einem bestimmten Zeitraum. Es sind immer Indexzahlen, die eine relative Entwicklung beschreiben. Das erste Jahr des Untersuchungszeitraumes wird dem Zahlenwert 100 gleichgesetzt, die Messzahl des letzten Jahres gibt dann die relative Entwicklung in diesem Zeitraum wieder.

Noch schwieriger wird das Verständnis der Terms of Trade durch die Tatsache, dass viele verschiedene Entwicklungen gleichzeitig dargestellt werden: die relative Entwicklung der Gesamtheit der Einfuhrpreise und die Entwicklung der Ausfuhrpreise. Dabei haben die Preisentwicklungen für die verschiedenen Güter ursächlich meist nichts miteinander zu tun.

Ein Beispiel für die Auswirkungen veränderter Terms of Trade

Das folgende extrem vereinfachte Beispiel soll das Verständnis erleichtern. Ein gedachtes Entwicklungsland exportiert im Untersuchungszeitraum nur Kakao und importiert ausschließlich Baumaschinen. Die Preise für beide Güter zu Beginn des ersten Jahres des Untersuchungszeitraumes werden gleich 100 gesetzt. Sinken nun im Verlaufe des Untersuchungszeitraumes die Weltmarktpreise für Kakao um die Hälfte, so würden sich die Terms of Trade für dieses Land auf den Wert 50 verändern, wenn die Preise für Baumaschinen unverändert blieben. Das hieße, das Land müsste doppelt soviel Kakao exportieren, um die gleiche Menge Baumaschinen importieren zu können. Stiege andererseits der Kakaopreis um die Hälfte, so stiegen die Terms of Trade bei unveränderten Baumaschinenpreisen auf den Wert 150. Steigen oder sinken die Export- und Importpreise im gleichen Umfang und in der gleichen Richtung, so verändern sich die Terms of Trade überhaupt nicht, sie bleiben bei 100. Steigende Terms of Trade ergeben sich aus steigenden Exportpreisen oder aus sinkenden Importpreisen oder aus beiden Entwicklungen gleichzeitig. Umgekehrt führen sinkende Exportpreise und steigende Importpreise zu sinkenden Terms of Trade, also zu Werten unter 100.

Die Entwicklung der Terms of Trade für ein konkretes Land ist vor allem von der warenmäßigen Zusammensetzung der Importe und Exporte abhängig und von der Preisentwicklung der Waren. Die Auswirkungen der Terms of Trade sind allerdings eindeutig: Sinkende Terms of Trade sind schlecht, da mehr für die Einfuhren bezahlt werden muss oder die Erlöse für die eigenen Ausfuhren geringer ausfallen oder auch beides zusammen. Steigende Werte sind entsprechend günstig für eine Volkswirtschaft.

Die Terms of Trade in der Wirklichkeit

In der entwicklungspolitischen Diskussion spielen die Terms of Trade eine große Rolle. Dabei wird oft darauf abgehoben, dass sich die Terms of Trade für die Entwicklungsländer prinzipiell verschlechtern und für die Industrieländer verbessern. Das ist so allgemein formuliert nicht ganz zutreffend. Richtig ist, dass die Preise für die meisten Industrieprodukte eine langfristig steigende Tendenz haben und dass die Rohstoffpreise stark schwanken, das heißt aber auch, dass es Phasen steigender Rohstoffpreise gab.

In den letzten beiden Jahrzehnten des 20. Jahrhunderts haben sich jedoch die Rohstoffpreise auf einem niedrigen Niveau eingependelt.

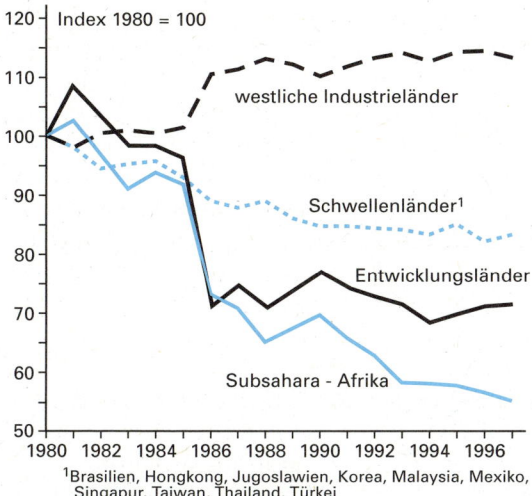

Entwicklung der Terms of Trade
Nach UNCTAD: Handbook of International Trade and Development, Statistics, verschiedene Jahrgänge

Die Grafik zeigt daher folgerichtig, dass sich die Terms of Trade der Rohstoffimporteure, also der Industrieländer, in diesem Zeitraum verbessert haben, während die Terms of Trade der Rohstoffexporteure, also der Entwicklungsländer, sich erheblich verschlechtert haben. Interessant ist auch die gesonderte Darstellung der Schwellenländer und der Länder in Sub-Sahara-Afrika. Die Entwicklung der Terms of Trade der einzelnen Ländergruppen lässt sich wie folgt zusammenfassen: In den 80er- und 90er-Jahren haben die reichen Länder von der Entwicklung der Terms of Trade profitiert, die Handelsposition der ärmsten Länder hat sich dramatisch verschlechtert. Dadurch haben sich die globalen Disparitäten zwischen dem Norden und dem Süden in diesen beiden Jahrzehnten erheblich vertieft.

Ursachen schwankender Rohstoffpreise

Die enormen Schwankungen der Rohstoffpreise (vergleiche M 1 der Übungsaufgabe „Sambia" auf Seite 90f.) ergeben sich aus den Veränderungen von Angebot und Nachfrage. Auf der Angebotsseite kann die Inbetriebnahme einer großen Kupfermine oder die Anlage neuer Kaffeeplantagen zu sinkenden Preisen führen, auf der Nach-

Wirtschaftszyklen: Schwankungen der Konjunktur, d.h. des Wirtschaftswachstums

frageseite schlagen die Wirtschaftszyklen in den Industrieländern oder die Einführung neuer Technologien, z. B. Glasfaser- statt Kupferkabel, auf die Rohstoffpreise durch. Die Tatsache, dass die aktuellen Weltmarktpreise an den Börsenplätzen in den Industrieländern, vornehmlich in London, festgestellt werden, verstärkt in den Entwicklungsländern das Gefühl, nach wie vor von den alten Kolonialmächten abhängig zu sein.

7.4 Das Problem der Auslandsverschuldung

Wie in Kap. 6 dargelegt wurde, ist Kapitalknappheit ein Merkmal der meisten Entwicklungsländer und eine Ursache für Entwicklungsdefizite. In die wirtschaftliche Entwicklung, in den Aufbau der Infrastruktur, des Bildungs- und des Gesundheitswesens müssen große Summen investiert werden, die im Inland nicht vorhanden sind. Die Entwicklungsländer sind daher seit jeher auf Kapitalzufuhr aus den Industrieländern angewiesen. Zum kleineren Teil handelt es sich dabei um Mittel aus der offiziellen Entwicklungshilfe im Rahmen der finanziellen Zusammenarbeit (vergleiche Kapitel 10), zum größeren Teil um Kredite von Privatbanken oder um Direktinvestitionen.

Ursachen der Schuldenkrise

Seit Anfang der 80er-Jahre hat sich die Auslandsverschuldung der Entwicklungsländer aber in solch einem Ausmaß erhöht, dass von einer Schuldenkrise gesprochen wurde. Drei externe Faktoren ließen ab 1980 die Auslandsverschuldung drastisch ansteigen: der zweite Preisschub bei Rohöl, der Verfall der meisten Rohstoffpreise, was für die meisten Entwicklungsländer dramatisch verschlechterte Terms of Trade ergab (vergleiche die Abbildung auf Seite 85), und ein international sehr hohes Zinsniveau, bedingt durch die amerikanischen Haushaltsdefizite.

Die Tabelle gibt einen Eindruck davon, welches Ausmaß die Höhe der Verschuldung bei manchen Ländern inzwischen erreicht hat. Die am höchsten verschuldeten Länder

Die am höchsten verschuldeten Länder 1997	Mrd. US-$
Brasilien	194
Mexiko	150
VR China	147
Südkorea	143
Indonesien	136
Russland	126
Argentinien	123

Quelle: Weltbank

zählen ausnahmslos zu den großen Volkswirtschaften und zu den Schwellenländern. Der Kapitalzufluss hat in den meisten dieser Länder auch eine positive Wirtschaftsentwicklung ausgelöst.

Die absolute Höhe der Auslandsschulden ist aber nur ein Indikator der Schuldenkrise. Deshalb ist es sinnvoll, die Schuldenhöhe zur Wirtschaftskraft in Beziehung zu setzen, wie es in der Karte gezeigt wird.

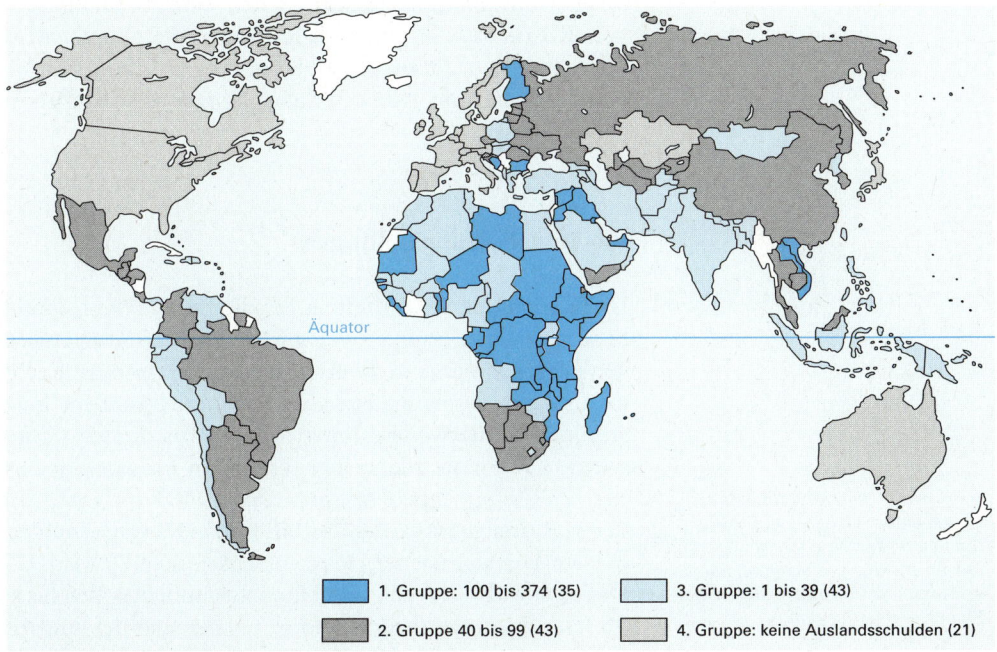

Auslandsverschuldung
Wallert, W.: Weltwirtschaft. KLETT-PERTHES, Gotha 1998, Folie 10

Jetzt ergibt sich ein ganz anderes Bild: Viel stärker als die wirtschaftsstarken Schwellenländer sind die armen Entwicklungsländer mit einer kleinen Volkswirtschaft von den Folgen der Verschuldung betroffen. Um das Ausmaß der Verschuldung zu erkennen, werden noch weitere Kennziffern errechnet: die Schuldenquote, bei der die Höhe der Schulden zu den jährlich Exporteinnahmen in Beziehung gesetzt wird, und die Schuldendienstquote, bei der die jährlichen Exporterlöse und die Zins- und Tilgungszahlungen verglichen werden. So kann ermittelt werden, ob ein Land aus eigener Kraft seinen Schuldenstand langfristig abbauen kann.

Ursachen der Verschuldung

Dass viele Entwicklungsländer so hoch verschuldet sind, ist aber nicht nur auf umfängliche Investitionen in die Entwicklung des Landes zurückzuführen. Wenn das so wäre, dann könnte ja durch den vergrößerten Produktionsapparat auch mehr erwirtschaftet und möglicherweise exportiert werden und die Kreditaufnahme rentierte sich langfristig. Wenn das Kapital aus dem Ausland aber nicht für investive Maßnahmen benutzt wird, sondern für Importe von Rüstungsgütern, mit denen nichts hergestellt wird, oder für Luxusimporte der Herrschenden, dann sind die Perspektiven, die Verschuldung langfristig abzubauen, eher gering.

Die Entschuldungsinitiative

G7-Gruppe: USA, Kanada, Japan, Deutschland, Frankreich, Großbritannien und Italien; jährliche Konferenzen seit 1975; manchmal auch erweitert zur G8-Gruppe durch die Einbeziehung Russlands

Die Folgen der Verschuldung für die Entwicklungsländer liegen auf der Hand: Sie müssen die größten Anstrengungen unternehmen, um die Zinsen zu zahlen und die Kredite zu tilgen. Dabei bleibt kaum noch Spielraum für Investitionen in die weitere Entwicklung. Aus diesem Grund wurde 1999 von den sieben führenden Industrieländern der G7-Gruppe eine Entschuldungsinitiative ergriffen, in deren Rahmen bis zu 36 der HIPC-Länder ein Schuldendiensterlass bis zu einer Höhe von zusammen 70 Mrd. US-Dollar gewährt werden soll. Handelsschulden sollen bis zu 90 % erlassen werden, Schulden aus der Entwicklungszusammenarbeit zu 100 %. Die Entschuldung ist an Auflagen gekoppelt, an good governance, an wirtschafts- und sozialpolitische Reformen und an die Verwendung der eingesparten Mittel für die Armutsbekämpfung im eigenen Land.

7.5 Der Globalisierungsprozess

Globalisierung: das Zusammenwachsen der Welt zu einem Wirtschaftsraum

Der Begriff Globalisierung wurde erst im letzten Jahrzehnt des 20. Jahrhunderts geprägt, er beschreibt aber nichts grundsätzlich Neues, denn weltweite Wirtschaftsbeziehungen hat es auch schon zur Kolonialzeit und früher gegeben. Die globale Dimension nahm aber zum Ende des 20. Jahrhunderts eine neue Qualität an. Mehrere ganz verschiedene Entwicklungen sind dafür verantwortlich, dass sich die wirtschaftlichen Rahmenbedingungen durch die Globalisierung binnen kurzer Zeit so grundlegend geändert haben.

Ursachen der fortschreitenden Globalisierung

1. Ein wesentlicher Faktor ist das Fortschreiten des wirtschaftlichen Strukturwandels, der auch als Prozess der Deindustrialisierung bezeichnet wird. Die zunehmende Bedeutung des Tertiären Sektors macht die Wirtschaft immer unabhängiger von den klassischen Standortfaktoren. Noch vor wenigen Jahrzehnten spielten die harten Standortfaktoren wie Rohstoffe, Grundbesitz, Energieversorgung, Verkehrsverbindungen, Absatzmärkte und ein großes Arbeitskräftereservoir die wichtigste Rolle bei der Standortwahl. Das gilt zunehmend weniger, weil sich Hightech-Betriebe prinzipiell an jedem beliebigen Ort der Welt errichten lassen, sie sind sogenannte footloose industries. Daher werden sogenannte weiche Standortfaktoren immer wichtiger, wie der Freizeitwert des Standortes, das kulturelle Angebot vor Ort und Ähnliches.
2. Eine bedeutende rechtliche Voraussetzung für die Globalisierung ist die Deregulierung, der weitgehende Verzicht auf staatliche Einflussnahme auf den Wirtschaftsprozess. Hier haben sich für die global tätigen Unternehmen, die so genannten global player, erhebliche Erleichterungen für ihre weltweiten, von Grenzen immer weniger gebremsten Wirtschaftsaktivitäten ergeben.
3. Die technische Voraussetzung der Globalisierung ist die ungestüme Entwicklung der Telekommunikation. Die Einführung von Fax, eMail und Internet und der Aufbau firmeninterner Kommunikationsnetze ermöglichte den weltweiten Informationsaustausch in Echtzeit und die Organisation und Führung global operierender Unternehmen.
Einige moderne Dienstleistungen lassen sich per Telekommunikation als Fernarbeit an jedem beliebigen Standort erledigen. Im indischen Hightech-Zentrum

Deindustrialisierung: relativer Bedeutungsverlust des Sekundären Sektors

footloose industries: Unternehmen „ohne Wurzeln", die nicht mehr an die klassischen Standortfaktoren gebunden sind

Outsourcing: Verlagerung spezialisierter Dienstleistungen oder Produktionsschritte in das Ausland

TNC: Abkürzung für „Transnational Corporation"; multinationale Konzerne, die in fast allen Ländern der Welt mit Produktionsstätten und Firmenvertretungen präsent sind

Direktinvestitionen: Erwerb bestehender Unternehmen oder Gründung neuer (Tochter-)Firmen in einem anderen Land

Bangalore rechnen qualifizierte und billige Arbeitskräfte die Buchungen westeuropäischer Luftfahrtunternehmen ab und entwickeln hoch spezialisierte Software für Unternehmen aus den Industrieländern. Das Outsourcing erlaubt den Unternehmen oft erhebliche Kostensenkungen, wenn die Produktion in ein Niedriglohnland verlagert wird. Zu diesem Zweck bauen die TNCs mit Direktinvestitionen eigene Tochterunternehmen an geeigneten Standorten auf und verbessern so ihre Chancen auf wichtigen Märkten, die mit Exporten nur schwer erreichbar sind.

4. Im Zusammenhang mit der Globalisierung kommt es zu immer spektakuläreren Firmenzusammenschlüssen. Große Industriekonzerne, Banken und Dienstleistungsfirmen aus unterschiedlichen Industrieländern fusionieren zu immer größeren Wirtschaftseinheiten, um im globalen Wettbewerb durch Kostenvorteile, die sich aus der Unternehmensgröße ergeben, konkurrenzfähiger zu sein. Das Verschmelzen ehemaliger Konkurrenten zu „Weltfirmen" treibt den Globalisierungsprozess weiter voran.

7.6 Die Auswirkungen der Globalisierung auf die Entwicklungsländer

In einem Fall sind die Auswirkungen schon in dramatischer Weise deutlich geworden: im Fall der Tigerstaaten. Sie stürzten 1997 in eine tiefe Finanzkrise, als 12 Milliarden US-Dollar des vorher dort investierten internationalen Kapitals kurzfristig abgezogen wurden. Mehr als 13 Millionen Menschen verloren ihren Arbeitsplatz. Hier wurde deutlich, wie schnell Kapitalbewegungen heute möglich sind, wie weitreichend die Folgen sein können und wie labil die Weltwirtschaft dadurch geworden ist.

Marktmechanismus: freie Preisbildung nach Angebot und Nachfrage, ohne staatliche Kontrollen

Rendite: Verzinsung von Kapitalanlagen

Die Rücknahme staatlichen Einflusses im Rahmen der Deregulierung führte zu einem Bedeutungszuwachs für die Marktmechanismen. Das Kapital geht dorthin, wo die besten Renditen erwartet werden. Das bedeutet für die Entwicklungsländer, dass nur diejenigen Länder einen Zufluss von Privatkapital erhoffen dürfen, die ohnehin gute wirtschaftliche Perspektiven bieten, d.h. zum Beispiel eine leistungsfähige Infrastruktur, ein gut ausgebildetes Arbeitskräftepotenzial und einen aufnahmefähigen Markt. Das werden die großen Entwicklungsländer der oberen Einkommensgruppe sein wie Brasilien, Chile, Mexiko, China, Indien oder die Türkei. Die armen Entwicklungsländer der LDC-Gruppe sind für private Direktinvestitionen weitgehend uninteressant. Die Konsequenz wird sein, dass sich die Disparitäten unter den Entwicklungsländern erheblich verschärfen werden. Schon Ende des 20. Jahrhunderts entfielen auf das ärmste Fünftel der Weltbevölkerung nicht einmal 1 % der Direktinvestitionen. Daran wird sich nichts ändern und es muss bezweifelt werden, dass Entwicklungshilfe einen Ausgleich für fehlende Privatinvestitionen leisten kann.

Abi-Übung: Sambia

Informieren Sie sich einleitend anhand von Wirtschaftskarten im Atlas und anhand von Strukturdaten (aus einem aktuellen Weltalmanach oder aus dem Internet, z. B. unter http://www.photius.com/wfb2000/countries oder /http://erdkunde-online.de) über grundlegende Merkmale des Entwicklungslandes Sambia. Beachten Sie die Schreibweise „Zambia" wenn Sie eine englischsprachige Quelle benutzen.

1. Stellen Sie dar, welche unterschiedlichen Ursachen für Entwicklungsdefizite in Sambia im Text M 2 angesprochen werden und unterscheiden Sie dabei endogene und exogene Ursachen.
2. Bewerten Sie die Meinung des Verfassers über die Bedeutung des Kupfers für Sambia vor dem Hintergrund des Diagramms M 1 über die Preisentwicklung für Kupfer und Ihrer einführend erarbeiteten Informationen.

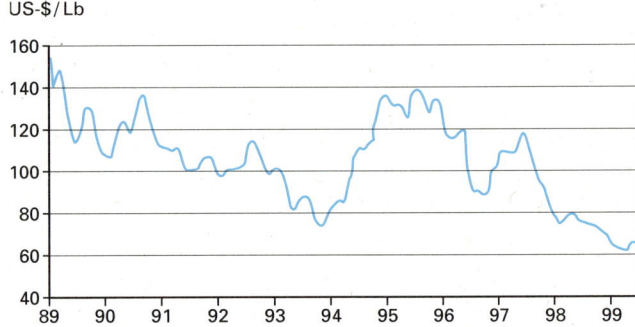

M1: Preisentwicklung für Kupfer
nach www.metalprices.com/metals/cu/cu_charts.htm

„Der Mythos vom ‚Kupferland'"

Es steht außer Frage, dass das Kupfer in der Vergangenheit wesentlich zum Reichtum des Landes beigetragen hat, obwohl das ländliche Zambia und damit die Mehrheit der Bevölkerung davon kaum etwas zu spüren bekam. Gerade einmal 50 000 Arbeitskräfte (ca. 2 % der erwerbstätigen Bevölkerung) fanden in diesem Sektor Arbeit (RAUCH 1986:59).

Entwicklungsimpulse, die von Eisenbahn und Kupfer ausgingen, hielten sich eng begrenzt an die Eisenbahnlinie und den Copperbelt und führten dadurch zu einer ausgeprägten regionalen Desintegration. Es entstanden zwei völlig voneinander getrennte Wirtschafts- und Sozialräume (SCHULTZ 1983, S. 29). Auf der einen Seite entstanden der Bergbaubereich und die kommerzielle Landwirtschaft entlang der ‚Line of Rail', wo auch die europäischen Farmer siedelten und dem Landstrich den Namen ‚European Farmland' gaben, und auf der anderen Seite befand sich das marginalisierte Hinterland, geprägt durch Subsistenzwirtschaft, einfachste Produktionstechnik und entsprechend statischer und traditioneller Gesellschaftsstruktur. Mit dieser Entwicklung steht Zambia nicht alleine, wie auch GABLER (1989) ausführt. Bei 23 Staaten der Subsahara-Region (also der Hälfte der schwarzafrikanischen Länder) ist die Ausfuhr zu 50 und mehr Prozent von einem Produkt abhängig (GABLER 1989, S. 60).

Seit der Mitte der 1970er-Jahre setzte ein kontinuierlicher Verfall des Kupferpreises ein, was dazu führte, dass die Produktionszahlen stark rückläufig wurden [...] und dass aus diesem Wirtschaftssektor kaum mehr Steuern in den Staatshaushalt flossen. Die von der Regierung Kaunda betriebene Subventionspolitik wurde dadurch infragegestellt und musste über Staatsverschuldung finanziert werden. Die durch fehlgeleitete bzw. nicht vorhandene Entwicklungsplanung entstandene Monoökonomie zeigt sich nun in ihrer ganzen Anfälligkeit, ganz ähnlich wie dies auch für Monokulturen in der Landwirtschaft gilt. [...]

Das Beispiel zeigt mit aller Deutlichkeit, wie früh die Wurzeln für die Fehlentwicklung des Landes gelegt wurden. Dies ist ausschließlich auf das Interesse an der wirtschaftlichen Ausbeutung der natürlichen Ressourcen Zambias zurückzuführen. [...]

Die eurozentrische Betrachtungsweise eines Landes nach seinen Hauptexportgütern wurde auch von der einheimischen Elite übernommen und hat dazu beigetragen, dass auch nach der Unabhängigkeit keine Diversifizierung des wirtschaftlichen Sektors stattfand. So bleibt Kupfer bis heute das Hauptexportgut Zambias und somit der wichtigste Devisenbringer."

M2: Der Mythos vom Kupferland
Drescher, Axel: Sambia. Perthes Länderprofile, Gotha 1998, S. 68f.

8 Entwicklungsstrategien

Vielfältig wie die Analysen der Ursachen für die Entwicklungsdefizite der Entwicklungsländer waren in der Vergangenheit auch die Strategien, die nach Wegen suchten, wie die Defizite am besten beseitigt werden könnten, um den Entwicklungsländern eine vergleichbare wirtschaftliche und soziale Entwicklung zu ermöglichen wie den Industrieländern. In der Literatur werden diese Strategien oft Entwicklungstheorien genannt, was aber eigentlich nicht zutrifft. Entwicklungstheorien analysieren Ursachen, warum die Entwicklungsländer nicht so weit entwickelt sind wie die Industrieländer. Auf dieser Basis sind dann zukunftsorientierte Strategien formuliert worden.

Trotz ihrer gemeinsamen Zielsetzung einer möglichst raschen und umfassenden Entwicklung in der Dritten Welt unterscheiden sich die Entwicklungsstrategien ganz erheblich, weil sie

- von einer abweichenden Ursachenanalyse ausgehen,
- jeweils ein Grundprinzip in den Vordergrund stellen,
- die negativen Erfahrungen bei der praktischen Umsetzung früherer Strategien berücksichtigen.

Die Strategien sind auch keine einheitlichen Konstrukte, sondern stellen ein Konglomerat von Veröffentlichungen mit einem gemeinsamen Grundtenor dar. Die verschiedenen Strategien werden im Folgenden in ihrer chronologischen Abfolge dargestellt. Dabei ist zu berücksichtigen, dass sie nicht einfach auf einander folgten, sich also quasi ablösten. Sie existierten vielmehr für viele Jahre nebeneinander, da sie von unterschiedlichen Interessengruppen getragen wurden.

8.1 Die Modernisierungsstrategie

Die Vertreter dieser Strategie, welche die 1. Entwicklungsdekade von 1961 bis 1970 prägte, gingen von der schlichten Analyse aus, dass die Länder der Dritten Welt mit ihrem dominierenden Agrarsektor auf einer historisch früheren Entwicklungsstufe stehen, die die Industrieländer um 1800 einnahmen. Weiterhin lag dieser Vorstellung die Auffassung des amerikanischen Wirtschaftswissenschaftlers *Walt Rostow* zu Grunde, demzufolge Länder in ihrem Entwicklungsprozess fünf Stufen durchlaufen: traditionelle Gesellschaft, Übergangsgesellschaft, Startgesellschaft, Industriegesellschaft und Massenkonsumgesellschaft. Der Begriff „Startgesellschaft" bedeutet, dass in dieser dritten Phase ein Take-off-Punkt erreicht werden muss, an dem ein selbst tragendes Wirtschaftswachstum einsetzt und ab dem die Länder dann keiner Hilfe von außen mehr bedürfen. Dieses Entwicklungskonzept war von den Erfahrungen mit der erfolgreichen Marshall-Plan-Hilfe für das zerstörte Mitteleuropa nach dem 2. Weltkrieg geprägt. Hier hatte ab 1947 eine begrenzte Kapitalzufuhr als Initialzündung von außen zum „deutschen Wirtschaftswunder" beigetragen.

Take-off-Punkt: aus der Fliegersprache übernommener Begriff, der den Punkt des „Abhebens" des Flugzeugs kennzeichnet

Marshall-Plan-Hilfe: benannt nach dem früheren amerikanischen Außenminister Marshall

Mit Kapital aus den Industrieländern sollte der Modernisierungsprozess in den Entwicklungsländern angeschoben werden, indem punktuell moderne Industriebetriebe, möglichst auf der Basis von Rohstoffvorkommen, aufgebaut wurden. Von diesen Wachstumspolen sollten dann Modernisierungsimpulse in das ganze Land ausstrahlen. Verbreitet findet sich hierfür der englische Begriff spread-effects. Auch die zugehörige Theorie hat einen anschaulichen englischen Namen: Trickle-down-These. Das Gesamtkonzept war das einer nachholenden Industrialisierung, bei dem die Industrieländer als Vorbild dienten und der Entwicklungsprozess beschleunigt ablaufen sollte, damit die Entwicklungsunterschiede zwischen dem Norden und dem Süden in absehbarer Zeit abgebaut oder zumindest gemildert werden.

Trickle-down-These: These des „Hinunter-Sickerns" (von wirtschaftlichen Impulsen) bis zur Basis, bis zur armen ländlichen Bevölkerung

Die grundlegende Schwäche dieser Strategie war, dass die Voraussetzungen für den Modernisierungsprozess viel zu optimistisch eingeschätzt wurden. Der Transfer moderner Technologie berücksichtigte oft nicht die realen Bedingungen vieler Entwicklungsländer bezüglich der Infrastruktur, des Humankapitals usw. Auch blieben in der Regel die Ausbreitungseffekte aus. Im Gegenteil: Es bildete sich eine dualistische Wirtschaftsstruktur zwischen den modernen Wachstumspolen und dem in traditionellen Wirtschaftsformen verharrenden Rest des Landes heraus, die räumlichen Disparitäten nahmen zu, mit dem Ergebnis, dass statt der erhofften Ausbreitungseffekte sich backwash-effects

backwash effects: Gegenteil der spread effects, nämlich zunehmende Konzentration der wirtschaftlichen Aktivitäten und der Entwicklung insgesamt auf die Metropole, verbunden mit dem Entzug von Ressourcen aus den übrigen Landsteilen, z. B. durch „brain drain"

einstellten. Das trickle-down blieb eine Theorie, in der Wirklichkeit stellte sich eine gegenteilige Entwicklung ein. Wie in Kapitel 6 dargelegt wurde, leiden viele Entwicklungsländer unter dieser unerwünschten Entwicklung.

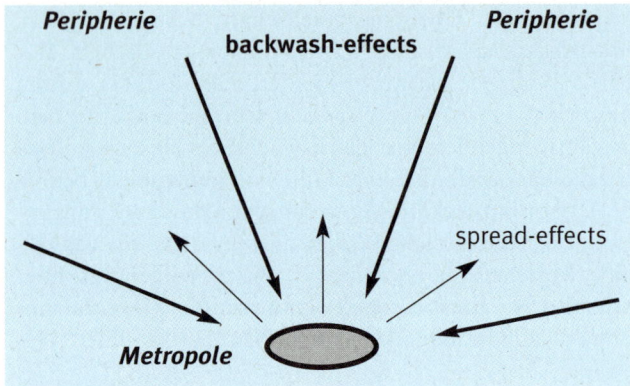

8.2 Die Strategie der autozentrierten Entwicklung

Diese Strategie entstand Ende der 60er-Jahre im Zusammenhang mit der linken „68er-Bewegung" als Reaktion auf die Modernisierungsstrategie. Sie ging von einer ganz anderen Ursachenanalyse aus. Nach der Dependenztheorie waren die Ursachen für die Entwicklungsdefizite der Dritten Welt in ihrer Abhängigkeit von den Industrieländern zu suchen. Der Name dieser Theorie leitet sich vom spanischen Wort für Abhängigkeit (dependencia) ab, weil sie in Lateinamerika ihren Ursprung hatte, wo man die Abhängigkeit des Kontinents von den USA vor Augen hatte. Nach der Dependenztheorie sind die Ursachen der Unterentwicklung in der Kolonialzeit, in weltwirtschaftlichen Ausbeutungsmechanismen wie den Terms of Trade und in der Tätigkeit von Multinationalen Konzernen in der Dritten Welt zu suchen. Als Ergebnis weisen die Volkswirtschaften der Entwicklungsländer eine strukturelle Heterogenität zwischen der nach außen orientierten Metropole und dem rückständigen Hinterland, der Peripherie auf. Zwischen dem Zentrum eines Entwicklungslandes und der Peripherie herrschen nach Ansicht der Vertreter

Peripherie: *randlich (peripher) gelegene bzw. rückständige Teile eines Landes*

der Dependenztheorie ähnliche Ausbeutungsmechanismen wie global zwischen den Industrieländern und den Entwicklungsländern.

Vor diesem Hintergrund schien daher eine Dissoziation vom Weltmarkt unumgänglich. Zumindest für einen längeren Zeitraum sollten die Entwicklungsländer von den negativen Wirkungen der außenwirtschaftlichen Beziehungen mit den Industrieländern abgeschottet werden, um eine organische wirtschaftliche Entwicklung des ganzen Landes, die sich an den Möglichkeiten und den Bedürfnissen des jeweiligen Landes orientiert, zu ermöglichen. Die Konzentration auf die eigenen Möglichkeiten, die Strategie der autozentrierten Entwicklung, wurde auch als self reliance bezeichnet. Um sich von der technologischen Abhängigkeit von den Industrieländern zu befreien, sollte nach und nach ein eigener Produktionsgütersektor aufgebaut werden. Die außenwirtschaftlichen Beziehungen sollten stärker auf andere Entwicklungsländer ausgerichtet werden.

In der Praxis haben nur wenige Länder diese Strategie umgesetzt. Am konsequentesten tat dies China unter Mao Zedong. Nach der politisch motivierten Beendigung der Zusammenarbeit mit der Sowjetunion lautete die Parole „Auf die eigene Kraft vertrauen". Der Außenhandel spielte keine nennenswerte Rolle, China verzichtete auf ausländisches Know-how und auf Kredite. Die Entwicklung des Landes folgte dem sozialistischen Modell der staatlich gelenkten Planwirtschaft, die Erfolge waren bescheiden. Die raschen Fortschritte beim Wirtschaftswachstum stellten sich erst nach einer völligen Abkehr von dieser Politik unter *Deng Hsiaoping* ein, als gezielt Investitionen von ausländischen Firmen, oft in Form von joint ventures oder in den Sonderwirtschaftszonen, gefördert wurden. Auf dem Weltmarkt waren Produkte, die den komparativen Vorteil der billigen chinesischen Arbeitskraft ausnutzten, sehr erfolgreich. Viele Chinesen fanden in den neu entstehenden Industrien Arbeit, es verschärften sich im Lande aber die regionalen und die sozialen Disparitäten in dramatischer Weise.

Auch die erfolgreichen Tigerstaaten Ostasiens schützten in der Aufbauphase vorübergehend ihre Industrie vor der ausländischen Konkurrenz, setzten dann aber ganz auf den Weltmarkt und öffneten sich für ausländisches Kapi-

Dissoziation: Loslösung vom Weltmarkt durch Einschränkung des Handels und durch die Einführung von Schutzzöllen

autozentrierte Entwicklung: auf die nationalen Möglichkeiten und Bedürfnisse konzentrierte Entwicklung (hat nichts mit PKWs zu tun, sondern vom lateinischen Präfix „auto" für „selbst" abgeleitet)

self-reliance: wörtlich: Selbstvertrauen, das Verlassen auf die eigenen Kräfte, das endogene Potenzial

Produktionsgütersektor: die Produkte dieses Wirtschaftssektors dienen nicht dem Konsum, sondern ihrerseits der Herstellung von Konsumgütern; der gesamte Maschinenbau gehört beispielsweise dazu

Know-how: technisches Wissen, Managementkenntnisse usw.

joint venture: ein Betrieb, der gemeinsames Eigentum eines ausländischen Investors und eines inländischen Unternehmers ist

Sonderwirtschaftszonen: v. a. an der Küste Südchinas eingerichtete Freihandelsgebiete; die dort aufgebauten Produktionsstätten unterliegen nicht den normalen Steuer- und Zollbestimmungen

tal. In anderen Entwicklungsländern wie Tansania spielte „self-reliance" eher eine formale Rolle in der staatlichen Propaganda. In der Praxis zählt Tansania zu den Ländern, die pro Kopf die meiste Entwicklungshilfe erhielten, eine eigenständige Entwicklung konnte dennoch bisher nicht erreicht werden. Obwohl die der Strategie der autozentrierten Entwicklung zu Grunde liegende Sachanalyse nicht als grundlegend falsch bezeichnet werden kann, blieb die daraus abgeleitete Strategie der Dissoziation und der autozentrierten Entwicklung weitgehend Theorie.

8.3 Die Grundbedürfnisstrategie

Die Grundbedürfnisstrategie wurde durch eine Grundsatzrede des damaligen Präsidenten der Weltbank *Robert McNamara* begründet. Sie war eine weitere Reaktion auf die negativen Folgewirkungen der Modernisierungsstrategie, bei der zu sehr auf die leistungsfähigen und Erfolg versprechenden Regionen der Entwicklungsländer gesetzt worden war. Auch spielte bei der Modernisierungsstrategie die makro-ökonomische Ebene eine zu große Rolle. Erfolgreiche moderne Großprojekte mögen sich in der volkswirtschaftlichen Gesamtrechnung positiv auswirken, die Exporte und das rechnerische Mittel des Pro-Kopf-Einkommens steigen wahrscheinlich, entscheidend bleibt aber, für wie viele Menschen sich etwas in ihrer Alltagssituation verbessert, oder anders ausgedrückt, ob von all dem wirtschaftlichen Fortschritt auch bei der armen ländlichen Bevölkerung etwas ankommt, im Sinne der These des trickle down. Dies blieb zu oft unerfüllt und so setzte die Grundbedürfnisstrategie hier an. Als vorrangiges Ziel von Entwicklung wurde die Sicherung der Grundbedürfnisse breitester Bevölkerungsschichten angestrebt, die armen Bevölkerungsschichten standen im Mittelpunkt der Entwicklungsbemühungen.

Über die Grundsätze dieser Strategie bestand weitgehende Einigkeit, weniger darüber, was unter den Grundbedürfnissen eines Menschen zu verstehen sei. Unstrittig waren die elementaren Grundbedürfnisse Nahrung, Kleidung und Unterkunft sowie die Leistungen einer grundlegenden Infrastruktur wie Wasserversorgung, sanitäre Einrichtun-

makro-ökonomisch: auf die gesamte Volkswirtschaft bezogen

gen, Gesundheitswesen und Bildungseinrichtungen. Umstritten sind dagegen auch heute noch die immateriellen Grundbedürfnisse wie gesellschaftliche und politische Partizipation und die grundlegenden Menschenrechte wie die Unverletzlichkeit der Person und die Gedanken-, Gewissens- und Religionsfreiheit. Der Einbeziehung dieser politischen Grundbedürfnisse widersetzen sich insbesondere Regierungen in Entwicklungsländern, weil sie einen Eingriff von außen in die inneren Angelegenheiten ihrer Länder befürchten und weil die Machthaber darin – sicher nicht zu Unrecht – eine Bedrohung ihrer Privilegien und ihrer Machtposition sehen. Doch können in einem Land wie Indien die elementaren Grundbedürfnisse wie ausreichende Nahrung und Zugang zu sauberem Wasser ohne eine Agrarreform erreicht werden? Ein Eingriff in die hier auch religiös bedingten gesellschaftlichen Strukturen wird als Angriff auf die kulturelle Identität des Landes verstanden. Ähnliches gilt für die Bemühungen um gleichberechtigte Bildungschancen für Frauen im muslimischen Kulturkreis. Gleichwohl ist die Grundbedürfnisstrategie mit ihrem armutsorientierten Entwicklungsansatz ein Grundprinzip der internationalen Entwicklungshilfe geblieben.

immateriell: nicht in Geldeinheiten zu messen

8.4 Die Neue Weltwirtschaftsordnung

Die unter diesem Begriff zusammengefassten Bestrebungen stellen keine Entwicklungsstrategie im engeren Sinne dar. Die Forderungen der Entwicklungsländer nach gerechteren Grundstrukturen der Weltwirtschaft mit gerechten Preisen für ihre Rohstoffexporte entstanden vor dem Hintergrund der sehr erfolgreichen Preispolitik der OPEC-Länder im Jahre 1973, als diese durch Boykotte und Preisabsprachen den Rohölpreis vervierfachten. 1974 und 1975 wurden weitere Kartelle von Produzenten anderer Rohstoffe gegründet, gleichfalls mit dem Ziel, die Rohstoffpreise spürbar zu erhöhen. Keines dieser Kartelle war so wirksam wie das der OPEC, da die Produzenten nicht über die erforderliche Monopolstellung auf dem Weltmarkt verfügten und sich auch nicht auf die den einzelnen Ländern zustehenden Quoten einigen konnten bzw. diese nicht einhielten. Die Entwicklungsländer, damals organi-

Kartell: lockerer Zusammenschluss von Produzenten des gleichen Produkts

8

UNCTAD: Abkürzung für: United Nations Conference on Trade and Development; Unterorganisation der UN, die die Welthandelskonferenzen organisiert

siert in der „Gruppe der 77", erreichten, dass auf den UNCTAD-Konferenzen von 1974 und 1976 eine Erklärung über eine Neue Weltwirtschaftsordnung (NWWO) und über ein Integriertes Rohstoffprogramm verabschiedet wurde. Danach sollten die Weltmarktpreise für 18 Rohstoffe dadurch stabilisiert werden, dass für Nahrungsmittel wie Kaffee und Kakao, für Industrierohstoffe wie Baumwolle und Kautschuk und für Metalle wie Zinn und Kupfer Ausgleichslager, so genannte „buffer-stocks" angelegt werden. In Zeiten schwacher Nachfrage sollten überschüssige Rohstoffe hier eingelagert werden, um einen Preisverfall zu verhindern, in Zeiten verstärkter Nachfrage sollte diese dann aus den Lagerbeständen befriedigt werden. Die Finanzierung dieser Ausgleichslager wurde mit über 10 Mrd. US-$ veranschlagt, die Kosten sollten zu zwei Dritteln von den Industrieländern übernommen werden. In der Praxis hat die NWWO nicht funktioniert, weil die Industrieländer diesem Instrument aus Kostengründen und aus prinzipiellen Erwägungen ihre Zustimmung versagten. Sie sahen in diesen Maßnahmen der Marktregulierung ein Element sozialistischer Planwirtschaft auf globaler Ebene. Inzwischen gibt es keine Bestrebungen mehr in diese Richtung, vielmehr hat sich der wirtschaftspolitische Trend im Zuge der Globalisierung (vergleiche Abschnitt 7.6) klar in die gegenteilige Richtung entwickelt.

Marktregulierung: Eingriff in die marktwirtschaftliche Preisbildung durch Angebot und Nachfrage

8.5 Die Strategie der nachhaltigen Entwicklung

Brundtland-Bericht: benannt nach der damaligen norwegischen Ministerpräsidentin

Angesichts der globalen Bedrohung der Lebensgrundlagen der Menschen durch fortschreitende Degradation der natürlichen Ressourcen (vgl. Kapitel 4) wurde im Brundtland-Bericht von 1987 der Begriff des „sustainable development" geprägt. Auch hier handelt es sich nicht um eine Entwicklungsstrategie im Sinne des besten Weges zu wirtschaftlicher und sozialer Entwicklung in der Dritten Welt, sondern um eine Verbindung von wirtschaftlicher Entwicklung und Umweltverträglichkeit. Und dies ist in erster Linie nicht eine Aufgabe für die Entwicklungsländer, denn wie auf der Rio-Konferenz von 1992 festgestellt wurde, tragen die Industrieländer die Hauptverantwortung für die globale Degradation der Umwelt. Das reiche Fünftel der Erdbevölkerung verbraucht rund 80% der Ressourcen. Und wenn die Umweltprobleme in den Entwicklungsländern am schlimmsten sind, so ist das in mehrfacher Hinsicht auch eine Folge der in den Industrieländern bestehenden Nachfrage nach Rohstoffen und landwirtschaftlichen Produkten aus den Entwicklungsländern. Die Entwicklungsländer stehen dem Prinzip der nachhaltigen Entwicklung nicht unbedingt positiv gegenüber. Sie befürchten, dass teure Umweltauflagen ihre wirtschaftlichen Entwicklungschancen und ihre Konkurrenzfähigkeit mindern. Sie sprechen in diesem Zusammenhang auch von Öko-Imperialismus.

Gibt es realistische Chancen, das dringend erforderliche wirtschaftliche Wachstum in den Entwicklungsländern – auch human development baut auf wirtschaftlicher Entwicklung auf – nachhaltig zu gestalten? Welches kann der Beitrag der Industrieländer hierfür sein? Es gibt hierfür einzelne Ansätze, wie Nachhaltigkeit mit finanzieller Unterstützung durch die reichen Länder in der Dritten Welt vorangebracht werden kann.

Eine solche Möglichkeit ist der Verzicht auf die wirtschaftliche Nutzung ökologisch wertvoller Waldgebiete als Gegenleistung für den Erlass von Schulden. Eine andere Möglichkeit ist die Finanzierung von großflächigen Aufforstungsprogrammen im Rahmen der Entwicklungshilfe. Auch die kostenlose oder kostengünstige Lieferung von Umwelttechnologie in die Entwicklungsländer kann dazu beitragen, die globale Umweltsituation zu verbessern.

Zwei grundlegende Probleme einer nachhaltigen Entwicklung in allen Teilen der Welt bleiben bestehen. Es ist von den ökologischen Konsequenzen her nicht vorstellbar, dass in den Entwicklungsländern für die Mehrheit der Bevölkerung ein vergleichbarer Lebensstandard und Lebensstil geschaffen wird wie er jetzt in den Industrieländern besteht. Es ist beispielsweise nicht denkbar, dass der nordamerikanische oder mitteleuropäische Motorisierungsgrad auf China und Indien übertragen wird. Es ist zweitens nicht zu verantworten, dass in der Zukunft der jetzt in den Industrieländern herrschende Lebensstil und der damit verbundene Umgang mit den natürlichen Ressourcen beibehalten wird.

Öko-Imperialismus: gemeint ist, dass die Industrieländer den Entwicklungsländern die gleichen hohen Umweltstandards aufzwingen, um sie – so die Benutzer dieses Terminus – von den Märkten des Nordens fernzuhalten

human development: die Entwicklung der Menschen, z. B. in den Bereichen Bildung und Gesundheit

8.6 Ansätze einer neuen Strategie

Die Strategie der nachhaltigen Entwicklung stellt im engeren Sinne keine Strategie zur Entwicklung der Entwicklungsländer dar, sondern ein Grundprinzip des Umgangs des Menschen mit seinem Lebensraum. Die Übertragung des Prinzips der Nachhaltigkeit auf die Entwicklungsländer basiert auf der Einsicht, dass viele ökologische Probleme globale Auswirkungen haben und globale Lösungen erfordern.

Das gilt nicht nur für ökologische Probleme. Auch im wirtschaftlichen und sozialen Bereich herrscht die Auffassung vor, dass keine separaten Lösungen für einzelne Kontinente oder Großregionen möglich sind. Auch im sozio-ökonomischen Bereich müssen umfassende globale Lösungen für die Eine Welt angegangen werden, die von internationalen Organisationen durchzusetzen sind. Man spricht in diesem Zusammenhang auch von global governance.

sozio-ökonomisch: häufig benutzter Terminus für den sozialen und den ökonomischen Sektor der Gesellschaft, da beides meist schwer zu trennen ist

global governance: eine Ordnungspolitik für die ganze Welt, eine „Weltregierung"

Public-Private Partnership

Umfassende globale Lösungen erfordern die Bündelung aller Kräfte. So ist Public-Private Partnership zu einem neuen Schlagwort in der Entwicklungszusammenarbeit geworden. Die Entwicklungsanstrengungen der öffentlichen Hand sollen koordiniert werden mit dem Kapitaltransfer von Privatunternehmen, um ein bestmögliches Ergebnis in den Entwicklungsländern zu erzielen. Entwicklungszusammenarbeit und Direktinvestitionen sollen sich arbeitsteilig ergänzen. Die ist aber nur ein Teil einer Neuorientierung der Entwicklungspolitik, eine inhaltliche Umorientierung kommt hinzu.

Public-Private Partnership: oft einprägsam abgekürzt als „PPP", bedeutet die partnerschaftliche Zusammenarbeit des öffentlichen Sektors und der Privatwirtschaft

Die Strategie der Förderung institutioneller Strukturreformen

Zunehmend wird die Auffassung vertreten, dass nicht die Knappheit der Ressourcen das zentrale Entwicklungshemmnis in den armen Entwicklungsländern darstellt, sondern das Versagen der Institutionen in den weniger erfolgreichen Staaten. Zu diesen Institutionen im weiteren Sinne zählen:

- staatliche Institutionen wie die Regierung, die Verwaltung, das Gesundheits- und das Bildungswesen,
- das politische System, das die Partizipation möglichst aller Bevölkerungsschichten und damit politische Stabilität gewährleisten soll,
- privatwirtschaftliche Institutionen wie das Bankenwesen oder Unternehmensverbände,
- soziale Institutionen zur Absicherung armer Bevölkerungsgruppen,
- rechtliche Grundlagen wie ein funktionierendes Rechtswesen, ein verlässliches Eigentums- und Wettbewerbsrecht.

Das Funktionieren dieser Institutionen und das Vorhandensein leistungsfähiger politischer, wirtschaftlicher und gesellschaftlicher Strukturen sind die entscheidenden Voraussetzungen sowohl für eine vom endogenen Potenzial getragene Entwicklung wie auch für das finanzielle Engagement ausländischer Kapitalgeber. Das haben die Erfolge der prosperierenden Schwellenländer gezeigt.

Wo diese Rahmenbedingungen aber nicht gegeben sind, können Entwicklungsprojekte und Experteneinsatz, Know-how und Kapitaltranfer keine dauerhafte Wirkung entfalten. Bei den Institutionen müssen umfassende Reformen ansetzen, um die bestehenden Entwicklungshemmnisse abzubauen.

Geschieht dies nicht, so werden sich die räumlichen und sozialen Disparitäten in vielen armen Entwicklungsländern verschärfen. Das dadurch entstehende Konfliktpotenzial wird Auslandskapital fernhalten, wodurch sich die globalen Disparitäten vertiefen, was weiteren Konfliktstoff birgt. Das zentrale Problem der Strategie der Förderung institutioneller Strukturreformen ist, dass solche tief greifenden und umfassenden Reformen der sozio-ökonomischen Strukturen schwierig zu bewerkstelligen sind und neben viel Zeit und Geld auch die Mitarbeit der Betroffenen voraussetzen.

9 Formen der wirtschaftlichen Zusammenarbeit

Die Formen der wirtschaftlichen Zusammenarbeit zwischen Industrie- und Entwicklungsländern sind äußerst vielfältig und nicht immer klar bestimmten Kategorien zuzuordnen. Die wichtigste Unterscheidung ist die zwischen normalen Geschäftsbeziehungen zwischen Staaten oder Unternehmen des Nordens und Südens und dem, was man im weitesten Sinne unter Entwicklungszusammenarbeit versteht.

Die im Unterkapitel 8.6 beschriebenen Ansätze einer grundlegenden Neuorientierung der Entwicklungspolitik, die Konzentration auf Strukturreformen bei den Institutionen und auf die Kooperation mit der Privatwirtschaft unter dem Kürzel PPP, werden in diesem Kapitel nicht berücksichtigt, da es sich derzeit nur um erste Ansätze einer absehbaren neuen Strategie handelt. Die Umsetzung auf breiter Basis in der entwicklungspolitischen Realität wird noch längere Zeit in Anspruch nehmen. Dieses Kapitel stellt daher die bisherige Praxis der wirtschaftlichen Zusammenarbeit dar.

9.1 Privatwirtschaftliche Zusammenarbeit

Zwischen Unternehmen in Entwicklungsländern und Industrieländern gibt es vielfältige Wirtschaftsbeziehungen: Indische Firmen in Bangalore entwickeln Software für amerikanische Unternehmen, chinesische Firmen fertigen Sportschuhe für westliche Handelsketten, die mexikanische Tochterfirma produziert ein neues Modell für einen deutschen Autohersteller, der afrikanische „tour operator" führt Safaris im Auftrag europäischer Reiseveranstalter durch.

Diese Wirtschaftsbeziehungen sind für die jeweiligen Entwicklungsländer von großer Bedeutung. Die Wirtschaftsleistung wächst, es werden Arbeitsplätze geschaffen, durch die Exporte werden Devisen erwirtschaftet, technisches Wissen und moderne Ausrüstungen werden in die

Entwicklungsländer transferiert. Wenn Transnationale Unternehmen Direktinvestitionen in Entwicklungsländern vornehmen, haben einheimische Unternehmen oft die Möglichkeit als Zulieferer aufzutreten, sodass sich durch die ausländischen Investitionen ein wirtschaftlicher Multiplikatoreffekt ergibt. Dies alles sind Gründe, weshalb die Transnationalen Unternehmen von den Regierungen der Entwicklungsländer umworben werden.

Die Firmen ihrerseits nutzen den Standortvorteil des niedrigeren Lohnniveaus für arbeitsintensive Fertigungstechniken, obwohl sie für das dort übliche Niveau überdurchschnittliche Löhne zahlen. Manchmal werden auch die im Allgemeinen niedrigeren Umweltstandards in Entwicklungsländern ausgenutzt, um Kosten für Investitionen in umweltschonende Produktionsweisen zu sparen. Von zentraler Bedeutung ist für die ausländischen Investoren der Marktzugang zu wichtigen Entwicklungsländern. In jedem Fall ist es das Ziel der Investoren, einen Gewinn zu erwirtschaften. Trotzdem ergeben sich auch für das Entwicklungsland positive wirtschaftliche Effekte aus diesen Investitionen. Dabei kommt es auch darauf an, ob die erzielten Gewinne im Entwicklungsland reinvestiert werden oder ob sie in die Konzernzentrale im Industrieland abfließen. Trotz positiver Auswirkungen auf die Wirtschaft des Entwicklungslandes haben Direktinvestitionen nichts mit Entwicklungszusammenarbeit zu tun.

Transnationale Unternehmen: Firmen, die in mindestens drei Ländern Produktionsstätten unterhalten und deren Auslandsanteil mehr als 25 % am Umsatz oder an den Beschäftigten ausmacht

Zulieferer: Produzent von Teilprodukten, der an einen Endhersteller liefert, z. B. Autositze für die Automobilindustrie

arbeitsintensiv: Produktionsweise mit viel Handarbeit

reinvestieren: erzielte Gewinne wieder (im Entwicklungsland) anlegen

9.2 Zum Begriff und zur Zielsetzung der Entwicklungszusammenarbeit

Im offiziellen Sprachgebrauch ist der Begriff Entwicklungshilfe nicht mehr zu finden. Er wurde durch den Begriff Entwicklungszusammenarbeit ersetzt. So heißt in Deutschland das zuständige Ministerium „Bundesministerium für wirtschaftliche Zusammenarbeit und Entwicklung" (BMZ). In der Alltagssprache wird aber weiterhin von Entwicklungshilfe gesprochen und auch im internationalen Sprachgebrauch findet der entsprechende englische Terminus Official Development Assistance (ODA) nach wie vor Verwendung.

9

OECD: Abkürzung für „Organization for Economic Cooperation and Development", die Organisation für wirtschaftliche Zusammenarbeit und Entwicklung, in der alle Industrieländer vertreten sind

Zuschusselement: nicht rückzahlbare (geschenkte) Finanzmittel und Kredite, die günstigere als die marktüblichen Konditionen haben

Entwicklungspolitik: umfasst neben der Entwicklungshilfe auch Maßnahmen im Bereich der Handelspolitik, die internationale Finanzpolitik usw.

Im Gegensatz zur privatwirtschaftlichen Zusammenarbeit hat die Entwicklungshilfe nicht das Erwirtschaften von Gewinnen zum Ziel. Das Development Assistance Committee (DAC) der OECD hat für alle Mitgliedsländer verbindliche und einheitliche Kriterien zur Abgrenzung von Entwicklungshilfe bzw. ODA festgelegt. Dazu zählen alle Leistungen, die

- von der öffentlichen Hand, also von staatlichen Stellen vergeben werden,
- die Verbesserung der Lebensbedingungen in den Entwicklungsländern zum Ziel haben,
- ein Zuschusselement von mindestens 25 Prozent einschließen.

Demnach sind zur Entwicklungshilfe nicht die Leistungen von privaten Organisationen zu zählen, ebensowenig die Kredite von normalen Geschäftsbanken.

Mit dieser Abgrenzung von Entwicklungshilfe ist die Zielsetzung der Entwicklungspolitik schon umrissen. Sie wird vom BMZ wie folgt definiert:

„Ziel der deutschen Entwicklungspolitik ist, die Lebensbedingungen der Menschen, vor allem der armen Bevölkerungsschichten, in unseren Partnerländern zu verbessern. Sie folgt dabei dem Leitbild einer global nachhaltigen Entwicklung [...] Eine global nachhaltige Entwicklung setzt voraus, dass drei zentrale Belange verfolgt werden: produktives Wirtschaftswachstum, soziale Gerechtigkeit und ökologische Nachhaltigkeit."

(BMZ: Journalistenhandbuch Entwicklungspolitik 1998, S. 25)

Wie im Kapitel 8.6 ausgeführt wurde, wird die klare Abgrenzung von Entwicklungszusammenarbeit und privatwirtschaftlichen Investitionen nicht in der bisherigen Form weiter bestehen.

9.3 Die Träger von Entwicklungshilfe

Neben dem Bund, also dem BMZ, leisten auch die Bundesländer und Kommunen offizielle Entwicklungshilfe im

Rahmen von Partnerschaften. Soweit ein Industrieland als Geberland und ein Entwicklungsland als Nehmerland oder Empfängerland im Rahmen eines konkreten Projekts zusammen arbeiten, spricht man von bilateraler, also zweiseitiger Entwicklungshilfe. Offizielle Entwicklungshilfe wird auch von internationalen Organisationen finanziert, vor allem von der Weltbank, von Regionalen Entwicklungsbanken, von diversen UN-Organisationen und von der Europäischen Union. Diese Zusammenarbeit von mehreren Geberländern nennt man multilaterale Entwicklungshilfe. Sie umfasst etwa ein Drittel der gesamten offiziellen Entwicklungshilfe.

Neben diesen staatlichen und überstaatlichen Geberorganisationen offizieller Entwicklungshilfe gibt es ein Vielzahl nichtstaatlicher, privater Organisationen, die in Entwicklungsländern in eigenen Projekten tätig sind. Für diese sehr heterogene Gruppe gibt es den Sammelbegriff NGO. Zu ihnen zählen u.a. die Hilfswerke der Kirchen, verschiedene Stiftungen der politischen Parteien und anderer Gruppierungen, internationale Hilfsorganisationen und eine Vielzahl von Initiativen einzelner Privatpersonen.

NGO: Abkürzung für „Non-Governmental Organization", „Nicht-Regierungs-Organisation", wofür sich auch die seltener benutzte Abkürzung NRO findet

Da die NGOs ihre Aktivitäten nicht auf der staatlichen Ebene abwickeln wie die offizielle Entwicklungszusammenarbeit, haben sie meist einen direkteren Zugang zu den Zielgruppen ihrer Hilfe. Sie arbeiten eng mit dem Personal der entsprechenden NGOs in den Entwicklungsländern zusammen, mit ihren Counterparts. Das spart Verwaltungskosten. Mitarbeiter in NGOs verstehen ihre Tätigkeit weniger als Job, sie tun ihn aus einer ideellen Motivation heraus, oft auch ehrenamtlich.

Eine Zwischenstellung zwischen den staatlichen und den privaten Trägern von Entwicklungshilfe nehmen die Quangos ein. Sie werden vor allem im Rahmen der offiziellen, staatlichen Entwicklungszusammenarbeit finanziert, haben aber den Rechtsstatus privater Unternehmen oder Organisationen. Ein Beispiel dafür ist in Deutschland die Deutsche Gesellschaft für Technische Zusammenarbeit (GTZ), die als bundeseigenes privatrechtliches Unternehmen im Auftrage des BMZ Entwicklungsprojekte plant, durchführt und überwacht.

Quango: Kurzform für „Quasi Nongovernmental Organizations", eine Mischform zwischen Regierungsorganisation und Privatunternehmen

9.4 Formen der Entwicklungszusammenarbeit

Entwicklung generell wird verstanden als der bewusst gestaltete Prozess des Übergangs von einer als unbefriedigend empfundenen gegenwärtigen Situation zu einer verbesserten Situation in der Zukunft. Selbsthilfeprozesse zur erfolgreichen Bewältigung dieses Übergangs zu unterstützen ist die zentrale Zielsetzung der Entwicklungszusammenarbeit. Dabei werden drei Formen unterschieden: die finanzielle, die technische und die personelle Zusammenarbeit. Bei der finanziellen Zusammenarbeit geht es um die Übertragung von Finanzmitteln an Entwicklungsländer in Form von rückzahlbaren Krediten zu günstigen Konditionen oder von nichtrückzahlbaren Zuschüssen. Die Darlehen werden zu international vereinheitlichten Konditionen vergeben. Die besser gestellten Entwicklungsländer zahlen 2 % Zinsen bei einer Laufzeit von 30 Jahren und 10 Freijahren, d.h. Jahren ohne Zinszahlungen. Die ärmeren Entwicklungsländer (bis zu einem Pro-Kopf-Einkommen von 1505 US-$, 1996) zahlen 0,75 % Zinsen und der Kredit hat eine Laufzeit von 40 Jahren bei ebenfalls 10 Freijahren. Die ärmsten LDC-Länder erhalten nur noch nichtrückzahlbare Zuschüsse, da sie zu einer Rückzahlung von Darlehen nicht in der Lage wären.

Mit den übertragenen Finanzmitteln werden vor allem Entwicklungshilfeprojekte finanziert. Es werden aber auch Mittel für den Import dringend benötigter Waren (z.B. Ersatzteile) und Dienstleistungen oder zum Ausbau der wirtschaftlichen und sozialen Infrastruktur, zur Förderung der gewerblichen Wirtschaft oder des Umweltschutzes vergeben. Von den Steuergeldern, die im Rahmen von finanzieller Zusammenarbeit in Entwicklungsländer transferiert werden, fließt ein großer Teil in Form von Lieferaufträgen wieder in das Geberland zurück, obwohl es in der Regel keine Lieferbindung mehr gibt. Für die Abwicklung der finanziellen Zusammenarbeit ist in der Bundesrepublik die Kreditanstalt für Wiederaufbau (KfW) zuständig, an der der Bund und die Länder beteiligt sind.

Bei der technischen Zusammenarbeit geht es darum, in den Industrieländern vorhandenes technisches, wirtschaftliches und organisatorisches Wissen in Entwicklungsländer zu übertragen, um dort Entwicklungsprozesse anzure-

---

Lieferbindung: Verpflichtung des Empfängerlandes, für die gewährte bilaterale Hilfe Aufträge an Firmen aus dem Geberland zu vergeben

gen oder zu beschleunigen. Dies geschieht durch die Bereitstellung von Experten, durch die Schulung einheimischen Personals und durch Technologietransfer. Bis zum Jahresende 1997 hat die Bundesrepublik für die technische Zusammenarbeit 23 Mrd. DM ausgegeben. Die zuständige GTZ ist in insgesamt 130 Ländern tätig.

Technologietransfer: **Übertragung moderner Technologien (in Entwicklungsländer)**

Die personelle Zusammenarbeit konzentriert sich auf die Entsendung eigener Fachkräfte in die Entwicklungsländer und auf die Ausbildung von Fachkräften aus den Entwicklungsländern. Vor allem Führungspersonal aus den Entwicklungsländern soll in die Lage versetzt werden, die Lage im Land aus eigener Kraft zu verbessern. So werden in Deutschland ausgebildete Studenten nach ihrer Rückkehr dabei unterstützt, ihr erworbenes Fachwissen in ihrem Heimatland nutzbringend anzuwenden, beispielsweise durch die Gründung einer kleinen Firma.

Bei der Entsendung von deutschem Personal in Entwicklungsländer muss man zwischen Entwicklungsexperten und Entwicklungshelfern unterscheiden. Entwicklungsexperten sind spezialisierte Fachkräfte, die im Auftrage der GTZ in Projekten arbeiten. Sie gehen in den Entwicklungsländern ihrem Beruf nach. Entwicklungshelfer arbeiten ohne eine „Erwerbsabsicht". Sie tun dies „um in partnerschaftlicher Zusammenarbeit zum Fortschritt dieser Länder beizutragen" (Entwicklungshelfer-Gesetz). Sie werden von den in der „Arbeitsgemeinschaft der Entwicklungsdienste" zusammengeschlossenen Organisationen angeworben, vorbereitet und in Entwicklungshilfeprojekten eingesetzt.

Wie sicherlich schon deutlich geworden ist, sind die dargestellten drei Formen der Zusammenarbeit in konkreten Hilfsprojekten kaum von einander zu trennen. Ebenso schwierig ist die Unterscheidung zwischen Projekthilfe und Programmhilfe. Projekthilfe nennt man die Zusammenarbeit bei relativ klar abgrenzbaren Einzelprojekten, etwa dem Bau einer Brücke oder der Erschließung neuer landwirtschaftlicher Nutzflächen. Die Programmhilfe umfasst eine Vielzahl von Einzelmaßnahmen, die in einem engen Zusammenhang stehen und auf eine bestimmte Region, eine bestimmte Zielgruppe oder einen Wirtschaftssektor konzentriert sind. Ein Beispiel dafür ist die Integrierte Regionalentwicklung. Hier werden dann nicht nur landwirtschaftliche Nutzflächen erschlossen, sondern es werden die Voraussetzungen geschaffen, dass die Produkte auch transportiert und vermarktet werden können. Die einzelnen Teilprojekte ergänzen einander sinnvoll und sollen zu einer umfassenden Entwicklung der jeweiligen Region führen.

9.5 Prinzipien und Grundsätze von Entwicklungszusammenarbeit

Im Verlauf der seit vier Jahrzehnten praktizierten wirtschaftlichen Zusammenarbeit mit Entwicklungsländern hat es Erfolge und Fehlschläge gegeben. Es hat sich Ernüchterung breit gemacht, was die langfristige Wirkung der eingesetzten Mittel angeht. Es sind aber auch Erfahrungen gesammelt worden, die in die fortlaufende Weiterentwicklung der Entwicklungszusammenarbeit eingegangen sind. So haben sich eine Reihe von Grundprinzipien herausgebildet, die heute die Grundlage der Zusammenarbeit mit Entwicklungsländern sind.

• Hilfe zur Selbsthilfe ist ein ganz zentrales Prinzip. Es bedeutet im Grundsatz, dass ohne eigene Anstrengungen der Zielgruppen in den Entwicklungsländern nichts zu erreichen ist. Jedes Projekt, jede Initiative muss von einheimischen Kräften getragen werden – ob von der Führungsschicht des Landes oder von engagierten Menschen an der Basis.

Gerade in den Anfangsjahren der Entwicklungshilfe ist hiergegen oft verstoßen worden. Man meinte zu wissen, woran es den Entwicklungsländern mangelt und wie ihnen zu helfen sei. Ohne viel Verständnis für die soziokulturellen Gegebenheiten vor Ort wurden europäische Lösungen für afrikanische Probleme konzipiert, das Scheitern war meist vorprogrammiert. Das Sachwissen der Menschen vor Ort, ihre Kenntnis der Zusammenhänge und ihre Traditionen wurden zu wenig beachtet und in die Konzeption einer Problemlösung eingebunden. Sie kamen sich entmündigt vor – ähnlich wie in der Kolonialzeit. Wen wundert es, wenn Skepsis oder Tatenlosigkeit seitens der einheimischen Bevölkerung das Ergebnis waren. Der Wille, die eigenen Probleme selbst zu lösen, war geschwächt.

An erfolgreichen Projekten muss die Zielgruppe entscheidend beteiligt sein, die Regierung durch eigene Finanzmittel, die Basis durch eigene Arbeit, z.B. nach dem Prinzip food for work. So wird das Projekt zu ihrer Sache, sie empfinden es nicht als von außen an sie heran getragen, sondern entwickeln eigenes Interesse an seinem Erfolg.

food for work: **Nahrung für Arbeit; lokale Arbeitskräfte werden mit Lebensmitteln entlohnt**

• Partizipation ist demzufolge ein zweites Grund legendes Prinzip. Die Zielgruppen müssen an der Projektplanung und an politischen Entscheidungsprozessen bei der Durchführung des Projekts beteiligt sein. Auf diese Weise wird die nötige Akzeptanz für Projekte in breiten Bevölkerungskreisen erreicht. Solche Projekte werden am ehesten akzeptiert, die sinnvoll auf die örtlichen Gegebenheiten abgestimmt sind und nicht zu kompliziert sind. Sie müssen für die Bevölkerung handhabbar sein. Früher sprach man in diesem Zusammenhang von angepasster Technologie. Dieses Grundprinzip gilt immer noch. Projekte dieser Art können eine größere Breitenwirkung erzielen, sie können von anderen Bevölkerungsgruppen nachgeahmt werden. Damit ist organisatorische Nachhaltigkeit am ehesten zu erreichen. Die Innovationen durch das Projekt müssen in der Bevölkerung verwurzelt bleiben, sie müssen von nachhaltiger Wirkung sein – auch nach dem Abzug der ausländischen Experten und Entwicklungshelfer.

• Bildung und Ausbildung haben im Rahmen der Entwicklungshilfe schon immer eine große Rolle gespielt. Bildungsdefizite, d.h. ein Mangel an genügend qualifiziertem Personal, sind eine entscheidende Ursache für Entwicklungsdefizite in der Dritten Welt (vergleiche Abschnitt 6.3). Bildungsdefizite sind nur schrittweise und über längere Zeiträume zu beheben, müssen aber angegangen werden, da gewisse Bildungsstandards Grundlage jeglicher Innovation und Entwicklung sind. So gesehen ist Entwicklungshilfe im Bildungssektor „Hilfe zur Selbsthilfe" in reinster Form, denn sie versetzt die Menschen in die Lage, ihr kreatives und produktives Potenzial zu entfalten, um ihre Situation aus eigener Kraft zu verbessern.

• Armutsbekämpfung ist ein weiteres grundlegendes Ziel jeglicher Entwicklungshilfe. Sie ist eine sogenannte Querschnittsaufgabe, die es bei der Planung aller Projekte zu berücksichtigen gilt. Auch hier geht es nicht darum, den Armen Nahrungsmittel oder Kleidung zu geben, sondern sie sollen in die Lage versetzt werden, für ihre Grundbedürfnisse dauerhaft selbst zu sorgen. Maßnahmen in diesem Sinne können beispielsweise sein, den Armen in einer ländlichen Region zu eigenem Land zu verhelfen oder ihnen durch den Aufbau eines entsprechenden Bankenwesens Zugang zu Kleinstkrediten zu verschaffen. Zur Armutsbekämpfung gehört auch, die Regierungen in den Partnerländern von der Notwendigkeit institutioneller Reformen in den Bereichen Wirtschaft, Recht und Politik zu überzeugen. Das macht deutlich, dass Armutsbekämpfung eine äußerst komplexe und langwierige Aufgabe ist. Sie ist umso schwieriger, weil die Armen die Bevölkerungsgruppe mit den größten Entwicklungsdefiziten sind.

• Frauenförderung ist gleichfalls eine Querschnittsaufgabe und damit ein Grundprinzip von Entwicklungshilfe. Die gleichberechtigte Teilhabe von Frauen am Entwicklungsprozess ist einerseits eine ethische Verpflichtung, hat aber andererseits auch einen praktischen Aspekt, denn Frauen nehmen besonders im ländlichen Raum eine zentrale Rolle bei der Produktion und Vermarktung von Agrarprodukten ein, von der Verantwortung für die Arbeit im Haushalt und die Kindererziehung ganz zu schweigen. In vielen Gesellschaften sind sie aber rechtlich schlechter gestellt als Männer. Auch aus diesem Grund sind 70% der Armen Frauen. Frauenförderung ist somit zugleich Armutsbekämpfung. Beides läuft in vielen Kulturkreisen auf eine Veränderung traditioneller Sozialstrukturen und Verhaltensweisen hinaus und stößt daher auf Widerstand.

• Umwelt- und Ressourcenschutz ist eine andere Zielsetzung der Entwicklungshilfe, die die angestrebte Entwicklung ökologisch nachhaltig gestalten soll. Ähnlich wie in den Industrieländern gibt es für Entwicklungsprojekte eine Umweltverträglichkeitsprüfung.

9.6 Ländliche Regionalentwicklung

Die meisten der benannten Prinzipien und Grundsätze der Entwicklungszusammenarbeit sind seit Beginn der 80er-Jahre zum Konzept der Ländlichen Regionalentwicklung (LRE) zusammengefasst worden. Dies geschah vor dem Hintergrund der Erfahrungen aus früheren Jahrzehnten der praktischen Arbeit und der Tatsache, dass sich im ländlichen Raum für die armen Bevölkerungsgruppen wenig verbessert hatte. Ländliche Regionalentwicklung hat zum Ziel, vorrangig die ärmeren Bevölkerungsschichten einer ländlichen Region in die Lage zu versetzen, aus eigener Kraft ihre wirtschaftliche und soziale Situation dauerhaft zu verbessern. Die wesentlichen Einzelziele seien hier noch einmal aufgelistet und knapp definiert, da sie auch für andere Entwicklungsprojekte von Bedeutung sind.

- *Armutsbezug:* Orientierung von Fördermaßnahmen an den besonders bedürftigen Bevölkerungsschichten.
- *Zielgruppenbezug:* Ausrichtung der Förderung auf die Bedürfnisse und Möglichkeiten bestimmter Bevölkerungsgruppen, damit die Unterstützung sozial angepasst ist und Breitenwirksamkeit innerhalb dieser Bevölkerungsschichten erreicht.
- *Frauenförderung:* Gerade im ländlichen Bereich sind Frauen Träger der Entwicklung und zugleich benachteiligt und damit eine eigenständige Adressatengruppe von Entwicklungsmaßnahmen.
- *Partizipation:* Beteiligung der Zielgruppen an der Planung und Durchführung der Maßnahmen, denn nur auf diese Weise können Eigeninitiative und Eigenverantwortung im Sinne der Selbsthilfe erreicht werden.
- *Organisatorische Nachhaltigkeit:* Die Wirkung der Maßnahmen soll dauerhaft sein, über den Abschluss der offiziellen Zusammenarbeit hinaus.
- *Ökonomische Nachhaltigkeit:* Im produktiven Bereich sollen die Aktivitäten ökonomisch tragfähig sein, sich also nach wirtschaftlichen Gesichtspunkten rechnen. Die Adressatengruppen müssen einen dauerhaften Zugang zu Produktionsmitteln und Märkten erhalten.
- *Ökologische Nachhaltigkeit:* Die wirtschaftlichen Aktivitäten sollen das regionale Ressourcenpotenzial besser nutzen, gleichzeitig aber seiner langfristigen Erhaltung im Sinne des Ressourcenschutzes dienen.
- *Multisektoraler Ansatz:* Da die Armut verursachenden Faktoren ein komplexes Ursachenbündel bilden, müssen auch die Hilfsmaßnahmen umfassend und einander ergänzend angegangen werden.
- *Regionaler Bezugsrahmen:* Wegen der Komplexität des multisektoralen Ansatzes und der unterschiedlichen Ausgangsbedingungen in den verschiedenen Regionen

eines Entwicklungslandes ist die Konzentration auf eine Region unerlässlich, um die positiven Synergie-Effekte der sich ergänzenden Teilprojekte zur Wirkung kommen zu lassen

In der Praxis vor Ort treten selbstverständlich vielfältige Probleme bei der Umsetzung der Planungsziele auf, wie Schwachstellenanalysen der Weltbank oder des BMZ zeigen, die zu einem guten Teil darauf hinauslaufen, dass es sehr schwierig ist, die Konzeption eines Projekts auf die komplexen Ausgangsbedingungen vor Ort konkret abzustimmen.

9.7 Ablauf eines Entwicklungsprojekts

Das in der Abbildung wiedergegebene Schema eines Projektzyklus für ein Entwicklungsprojekt oder -programm ist charakterisiert durch viele Rückkopplungsschleifen. Darin drückt sich aus, dass die Planung und Durchführung eines Projekts nicht starr und schematisch erfolgen kann, sondern flexibel gehandhabt werden muss, denn die Zieldefinition und die Art der Durchführung müssen immer wieder überprüft, und falls erforderlich, auch verändert werden, aufbauend auf den bis dahin gemachten Erfahrungen. In den verschiedenen Phasen der Projektdurchführung muss ja stets die Verständigung mit den Partnern im Entwicklungsland hergestellt und gemeinsam müssen Entscheidungen getroffen werden.

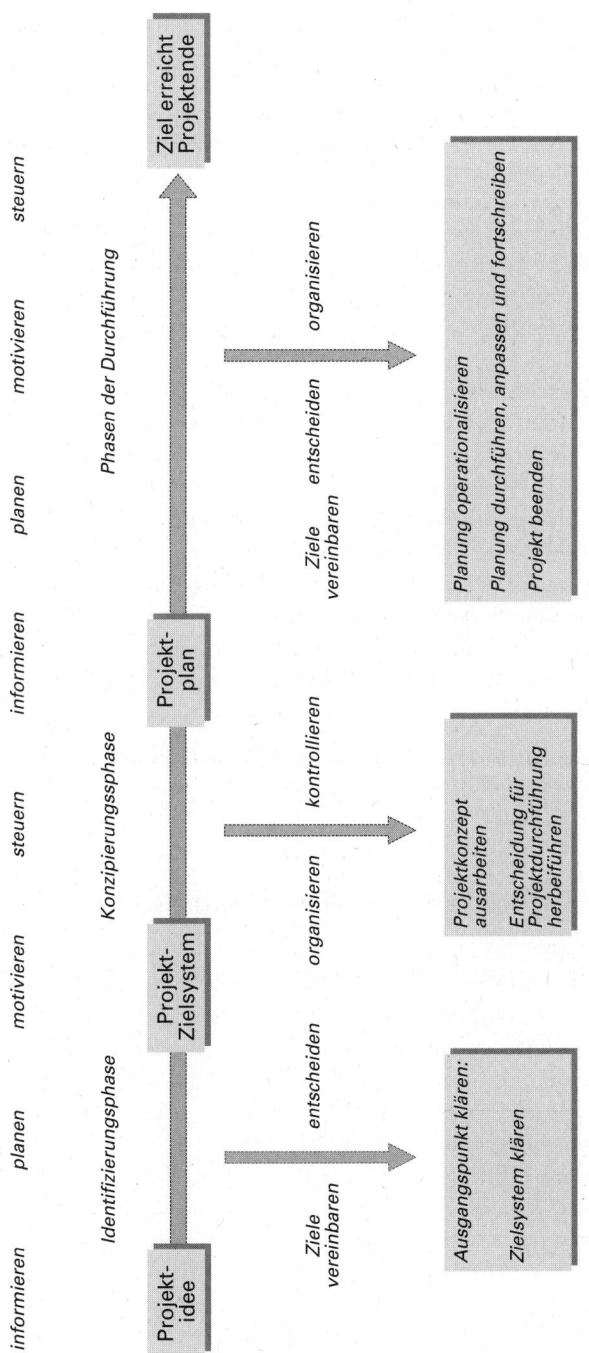

Schema eines Projektzyklus
nach GTZ (Hrsg.): Project Cycle Management (PCM) und Zielorientierte
Projektplanung (ZOPP). Eschborn 1995, S. 6

Besonders wichtig ist der partnerschaftlich zu erarbeitende Projektplan, der Antworten auf die folgenden Fragen geben muss:

- Welche Verbesserung der Lebenssituation von Zielgruppen soll eintreten?
- Welche Veränderung im Handeln der Zielgruppen soll erreicht werden?
- Welche Leistungen müssen erzeugt werden, damit diese Wirkung eintreten kann?
- Was muss getan werden, um diese Leistungen zu erbringen?
- Welche Ressourcen (menschliche, sachliche, finanzielle, zeitliche) sind erforderlich, um die Aktivitäten durchzuführen?
- Welche Rahmenbedingungen müssen gegeben sein, damit die Ergebnisse erreicht werden und die Wirkungen eintreten können?
- Woran ist das Eintreten von Wirkungen, Ergebnissen und Annahmen erkennbar?
- Warum soll das Projektziel erreicht werden? Welcher übergeordneten (strategischen, entwicklungspolitischen) Zielsetzung dient das Projekt?

GTZ (Hrsg.): Project Cycle Management (PCM) und Zielorientierte Projektplanung (ZOPP), Eschborn 1995, S. 16

9.8 Kritik an der Entwicklungshilfe

Sub-Sahara-Afrika ist nach wie vor die ärmste Großregion des Südens, obwohl hierhin wegen der Armutsorientierung die meisten Gelder der öffentlichen Entwicklungshilfe (ODA) geflossen sind, und auch von den NGOs wurde diese Region keineswegs vernachlässigt. Zwei der acht ärmsten Entwicklungsländer mit einem BSP pro Kopf bis 210 US-$ (1997, nach World Bank Atlas 1999), nämlich Mosambik und Tansania verzeichneten in den letzten Jahrzehnten eine zurückgehende Wirtschaftsleistung pro Kopf, eine sinkende Lebenserwartung und eine steigende Verschuldung. Dabei haben beide Länder weit überdurchschnittlich viel Entwicklungshilfe erhalten, die in einzelnen Jahren mehr als die Hälfte des BSP dieser Länder ausmachte. 1976 zählten zu den 20 ärmsten Ländern der Welt 11 aus Sub-Sahara-Afrika, 1996 waren es 17.

Warum sind in Sub-Sahara-Afrika die Ziele der wirtschaftlichen Zusammenarbeit nicht erreicht worden? Ein langjähriger, leitender Mitarbeiter des BMZ spricht in diesem Zusammenhang von einer „schädlichen Überförderung" in vielen Ländern dieser Region. Das Gefühl der Eigenverantwortlichkeit und Initiativen der Selbsthilfe wurden durch ein Übermaß an Kapitalzufluss zerstört. So wie kostenlose Textilien aus Altkleidersammlungen das lokale Textilgewerbe ruinieren und so wie langfristige Nahrungsmittelhilfe die einheimischen Nahrungsmittelproduktion zum Erliegen bringt, so führt ein übermäßiger Kapitalzufluss, der teilweise durch die Konkurrenzsituation zwischen den Gebern zu erklären ist, zu höchst unerwünschten Ergebnissen, die im Gegensatz zu den erklärten Zielen stehen. Dann kommt es dazu, dass die zur Verfügung stehenden Mittel gar nicht sinnvoll investiert werden können und, wenn sie nicht zweckgebunden sind, auf Auslandskonten landen oder für Militärausgaben verwendet werden.

Ein anderer Erklärungsansatz ist, dass in vielen Empfängerländern nicht hinreichend funktions- und leistungsfähige Institutionen vorhanden sind (vergleiche hierzu Abschnitt 8.6).

9.9 Ziele für die Zukunft

Trotz allem ist in den vier Entwicklungsdekaden des 20. Jahrhunderts einiges erreicht worden. Viele Entwicklungsländer haben ein selbst tragendes Wirtschaftswachstum erreicht, die Lebenserwartung ist in den allermeisten Ländern gestiegen, die Alphabetenrate konnte dramatisch erhöht werden, in den ärmeren Entwicklungsländern von 26% (1960) auf 60% (1992).

Für die nähere Zukunft hat eine Konferenz der UN, der Weltbank und der OECD sechs konkrete Ziele für die Entwicklungszusammenarbeit aufgestellt:

1. Den Anteil der Menschen in extremer Armut bis 2015 halbieren.
2. In allen Ländern eine vollständige Primarstufenerziehung bis 2015 sicherstellen.

3. Die geschlechterspezifischen Disparitäten in der Primar- und Sekundarstufenerziehung bis 2005 abschaffen.
4. Bis 2015 die Sterblichkeit von Säuglingen und Kindern unter fünf Jahren um zwei Drittel und die Müttersterblichkeit um drei Viertel zu reduzieren.
5. Allen Menschen bis 2015 den Zugang zu Dienstleistungszentren für reproduktive Gesundheit gewährleisten.
6. Durch Strategien für eine nachhaltige Entwicklung den gegenwärtigen Verlust natürlicher Ressourcen auf nationaler und globaler Ebene bis 2015 umzukehren.

vom Autor frei übersetzt nach:
http://www.worldbank.org/data/dev/devgoals.html

Tourismus als Entwicklungspotenzial 10

10.1 Entwicklung des Tourismus in den Entwicklungsländern

Tourismus als Boombranche

Der Tourismus hat sich in der zweiten Hälfte des 20. Jh. stürmisch entwickelt, auch der Ferntourismus, der neben Europa und den USA vor allem Entwicklungsländer zum Ziel hat. In den vergangenen 25 Jahren hat sich der Tourismus verfünffacht. In dem Jahrzehnt von 1989 bis 1998 hat sich die Zahl der internationalen Touristenankünfte von 426 auf 635 Millionen erhöht. Das entspricht einer Zunahme um 49 Prozent innerhalb von zehn Jahren, wobei der Inlandstourismus hier nicht berücksichtigt wurde. Die Einnahmen aus dem Tourismusgeschäft wuchsen in gleichen Zeitraum sogar von 221 auf 439 Mrd. US-$, was fast einer Verdoppelung entspricht. Zwölf Prozent des globalen Bruttoinlandsprodukts entfallen gegenwärtig auf die Fremdenverkehrswirtschaft. Hier sind zehn Prozent aller Beschäftigten tätig. Nach der Ölbranche und der Automobilindustrie ist der Tourismussektor die drittstärkste Branche. Prognosen sagen, dass diese beiden Branchen auch bald überholt sein werden. Tourismus ist die Boombranche in Gegenwart und Zukunft. Können die Entwicklungsländer daran teilhaben?

Die Entwicklungsländer als Zielgebiet des Ferntourismus

Etwas mehr als ein Viertel der internationalen Touristenankünfte und der Einnahmen aus dem Tourismus entfallen auf Entwicklungsländer. Das ist für die Wirtschaft in vielen Entwicklungsländern von großer Bedeutung, denn ihre volkswirtschaftliche Bilanz beim Reiseverkehr ist durchweg positiv, was bei der Bilanz des Warenhandels in der Regel nicht der Fall ist. Sie können so einen Teil ihres Defizits aus dem Warenhandel ausgleichen. Wie die folgende

Abbildung zeigt, konnten die Entwicklungsländer von 1989 bis 1997 ihre Überschüsse aus dem Tourismus fast verdoppeln, wobei in jüngster Zeit eine Stagnation eingetreten ist, die durch die Wirtschaftskrise in Südostasien verursacht wurde. Die langjährigen Defizite in der Reisebilanz der Industrieländer werden allein von Deutschland und Japan in der Größenordnung von je 30 Mrd. US-$ verursacht.

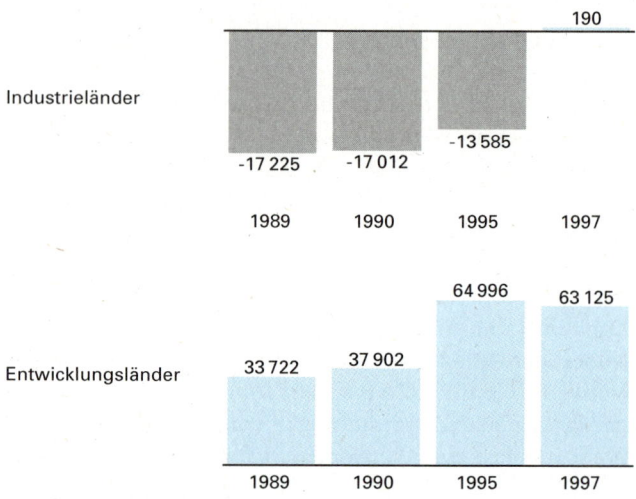

Reisebilanz (in Mio. US-$)
nach World Tourism Organisation (WTO)

Für das Wachstum des Ferntourismus in die Entwicklungsländer sind eine Reihe sehr unterschiedlicher Gründe verantwortlich. In den Herkunftsländern der Reisenden, in den so genannten Quellgebieten, und das sind in erster Linie die Industrieländer, haben der wachsende Wohlstand und die zunehmende Freizeit zu einer stärkeren Nachfrage nach Fernreisen geführt. Fast 99 % aller Touristen kommen aus den Industrieländern Europas, Amerikas, aus Japan, Australien und Neuseeland.

Von entscheidender Bedeutung war auch, dass mit dem Langstreckenjet das passende Verkehrsmittel entwickelt wurde, das den Reisenden schnell, komfortabel und zunehmend preiswerter in weit entfernte Zielgebiete transportiert. Die Werbung der Tourismuskonzerne in Form der jährlich neu erscheinenden, Sehnsüchte weckenden Kataloge und die von Fernreisen ausgehende positive Wirkung auf das Sozialprestige der Reisenden haben ein Übriges getan, um den Ferntourismus beständig wachsen zu lassen. Im Zuge des Ausbaus des internationalen Fremdenverkehrs wurden auch die Einreiseformalitäten fortlaufend vereinfacht. Visa sind in vielen Zielgebieten für Aufenthalte bis zu einem Monat nicht mehr erforderlich oder werden bei der Einreise unbürokratisch auf dem Flughafen erteilt.

10.2 Das touristische Potenzial der Entwicklungsländer

Das natürliche Potenzial

Eine große Zahl von Entwicklungsländern verfügen über ein günstiges natürliches Potenzial für den Tourismus. Das fängt beim Klima an. Die Lage in den tropischen und subtropischen Klimazonen lässt teilweise eine ganzjährige Saison zu. Wenn es im Winterhalbjahr in den Quellgebieten kalt und ungemütlich ist, lassen sich „Sonnenziele" in den Tropen nach dem Motto „Nix wie raus" besonders gut vermarkten. Die Zielgebiete, die in den Wintermonaten der Nordhalbkugel ihre Trockenzeit haben, werden besonders nachgefragt. Die Entwicklungsländer auf der Südhalbkugel haben es schwerer, denn sie haben zu dieser Zeit ihre sommerliche Regenzeit und während ihrer Trockenperiode im Nordsommer müssen sie mit den näher gelegenen Mittelmeerländern konkurrieren, die dann auch ihre Badewetter versprechende sommerliche Trockenzeit haben.

Aus den klimatischen Bedingungen ergibt sich auch die Andersartigkeit der Vegetation und damit des Landschaftsbildes, was vielen Zielgebieten den gesuchten Hauch von Exotik verleiht – man denke nur an den idyllischen Palmenstrand, der auf keiner Umschlagseite eines Fernreisekatalogs fehlen darf. Da der Badetourismus bei Fernreisen stark vertreten ist, kommt dem klimatischen Aspekt eine große Bedeutung zu.

Für bestimmte Zielgruppen haben etliche Entwicklungsländer ein besonderes natürliches Potenzial, beispielsweise für die zunehmende Zahl der Sporttaucher. Für sie sind

Korallenriffe, die nur bei Wassertemperaturen zwischen 25 °C und 30 °C wachsen, besonders attraktive Tauchplätze. Diese Bedingungen finden sich nur im Bereich der Tropen. Andere Entwicklungsländer sind wegen ihrer Strände ein beliebtes Reiseziel, wieder andere wegen der Fauna in ihren Nationalparks, so etwa in Süd- und Ostafrika, oder wegen ihrer Bergregionen für Trekking-Touristen wie beispielsweise Nepal oder wegen sonstiger attraktiver Naturlandschaften wie die artenreichen tropischen Regenwälder in Costa Rica. Der geringere Entwicklungsstand von Entwicklungsländern, gerade in den peripheren Räumen, kann auch ein touristisches Potenzial darstellen im Sinne einer exotischen Unberührtheit, die zwar nirgends so gegeben ist, der aber viele Touristen als Klischee anhängen und die auch gezielt so vermarktet wird.

Naturlandschaft: vom Menschen nicht oder nur wenig geprägte Landschaft

Das kulturelle Potenzial

Auch Kulturlandschaften in den Entwicklungsländern zählen zum touristischen Potenzial, besonders für Reisende, die an der soziokulturellen Eigenart des Zielgebiets interessiert sind. So sind von Reisterrassen oder Teeplantagen geprägte Landschaften, historische Stätten und Tempelanlagen, Basare, Bauernmärkte und Fischerdörfer häufig angefahrene Ausflugsziele. Hinzu kommt die Gegenwartskultur. Sie sollte möglichst „exotisch" sein und gut sein für ein paar schöne Fotos oder Videoszenen. Südostasiatische Tempeltänzerinnen, religiöse Feste in Indien oder die Alltagswelt der Massai erfüllen diese Erwartungen in besonderer Weise.

Kulturlandschaft: vom Menschen deutlich geprägte Landschaft, wie z.B. landwirtschaftlich genutzte Räume

Ein dritter Faktor, der die Attraktivität der Entwicklungsländer als Reiseziele ausmacht, ist das günstige Preis-Leistungs-Verhältnis. Von Ausnahmen abgesehen ist die Kaufkraft der westlichen Währungen in den Entwicklungsländern deutlich höher als daheim, da sie als konvertible Währungen begehrt sind, denn nur mit diesen Währungen kann man Importe bezahlen. Deshalb ist der Umtauschkurs für die Touristen oft günstig. Auf die Nebenkosten des Urlaubs wirkt sich das positiv aus. Ein weiterer Faktor sind die oft niedrigen allgemeinen Lebenshaltungskosten in vielen Entwicklungsländern.

konvertible Währung: eine Währung, die frei getauscht und gehandelt wird

10.3 Infrastrukturelle Voraussetzungen

Das vorhandene natürliche und kulturelle Potenzial reicht aber nicht aus, um ein Entwicklungsland zu einem attraktiven Reiseziel werden zu lassen. Es ist vielmehr feststellbar, dass eine Reihe von Ländern mit einem bemerkenswerten touristischen Potenzial – als Beispiele seien Tansania mit seinen berühmten Nationalparks oder Madagaskar mit seiner einmaligen endemischen Flora und Fauna genannt – als Zielgebiete eine eher unbedeutende Rolle spielen. Für den Ausbau des Fremdenverkehrs zu einem einträglichen Wirtschaftssektor müssen auch Mindeststandards bei der allgemeinen und bei der touristischen Infrastruktur gegeben sein.

endemisch: nur in einer Region vorkommend

Für den Tourismus ist die Verkehrsinfrastruktur von besonderer Bedeutung. Mindestens ein Flughafen, auf dem Großraumjets landen können, ist eine dieser Grundvoraussetzungen. Ein Allwetter-Straßennetz und angemessene Transportmittel, eine verlässliche Energie- und Wasserversorgung kommen hinzu. Das ist mit hohen Investitionen verbunden und oft nur in längeren Zeiträumen realisierbar. Aus diesen Gründen zählen nicht die armen Entwicklungsländer, die die Einnahmen aus dem Tourismus am nötigsten hätten, zu den beliebten Zielgebieten, sondern die entwickelteren, die schon über eine bessere Infrastruktur verfügen.

Der zweite Bereich ist die spezielle touristische Infrastruktur. Am wichtigsten ist die Hotellerie, wo etwa ein Drittel der Deviseneinnahmen erwirtschaftet wird. Hinzu kommen Restaurants, Unterhaltungsbetriebe, Geschäfte für den touristischen Bedarf, Anbieter von Besichtigungstouren und dergleichen mehr. Wie die Tabelle auf der folgenden Seite zeigt, ist der Anteil der Entwicklungsländer an der weltweiten Bettenkapazität – soweit er sich der Tabelle entnehmen lässt – noch vergleichsweise gering, doch ihr Marktanteil wächst.

Gerade im Bereich der Hotels und der Restaurants werden Standards erwartet, die geschultes Personal voraussetzen. So stellt beim umfassenden Aufbau einer touristischen Infrastruktur die personelle Infrastruktur oft einen Engpass dar, der nur schrittweise behoben werden kann. Neben der fachlichen Ausbildung des Hotel- und Küchenpersonals spielt der Fremdsprachenerwerb eine große Rolle. Wenn sich die Gäste vor Ort in ihrer Muttersprache verständigen können, so erschließt das dem Zielgebiet einen breiten Kundenkreis in dem entsprechenden Herkunftsland.

	Bettenkapazität (in 1000)			Marktanteil (%)		
	1980	1985	1997	1980	1985	1997
Europa	8 542	8 637	11 731	52,5	47,3	40,0
Amerika	6 436	6 933	9 346	39,5	38,0	31,8
Ostasien/Pazifik	763	1 694	6 726	4,7	9,3	22,9
Afrika	269	525	835	1,7	2,9	2,8
Mittlerer Osten	141	254	400	0,9	1,4	1,4
Südasien	126	198	310	0,8	1,1	1,1
insgesamt	16 277	18 241	29 347	100,0	100,0	100,0

Bettenkapazität und Marktanteil nach Regionen
nach Angaben der World Tourism Organization (WTO)

10.4 Weitere Einflussfaktoren

Neben dem touristischen Potenzial und dem Entwicklungsstand der Infrastruktur spielt als Erklärung für den unterschiedlichen Erfolg einzelner Entwicklungsländer im Tourismusgeschäft ein sehr geographischer Faktor eine große Rolle: die Lage zu den wichtigen Quellgebieten. Auch wenn Fernreisen immer billiger und komfortabler geworden sind, die Überwindung großer Distanzen ist mit zusätzlichen Kosten und manchen Unbequemlichkeiten verbunden. Günstig gelegene Zielgebiete haben da einen Vorteil. Klassische Entwicklungsländerbeispiele sind der karibische Raum und Mexiko für die Nordamerikaner oder die Länder an der nordafrikanischen Mittelmeerküste für die Europäer.

Beim letztgenannten Beispiel wird auch deutlich, dass politische Faktoren nicht zu vernachlässigen sind. Während Tunesien und Marokko Standardziele für Europäer sind, gibt es in Algerien fast keinen Fremdenverkehr trotz eines vergleichbaren Potenzials. Lang andauernde politische

Unruhen sind dafür verantwortlich. Ägypten ist ein klassisches Beispiel dafür, wie anfällig die Fremdenverkehrswirtschaft bei Sicherheitsproblemen ist. Einzelne gezielte Attacken fundamentalistischer Moslemgruppen auf ausländische Touristen haben zumindest vorübergehend dem ägyptischen Fremdenverkehrsgewerbe großen Schaden zugefügt und das war auch die Zielsetzung der Extremisten. Aber Ägypten ist ein Sonderfall. Sehr viel weiter verbreitet sind räuberische Überfälle auf Touristen, so in Südamerika und in Kenia. In dieser Hinsicht ist keine grundlegende Verbesserung zu erwarten, eher das Gegenteil, da die Verschlechterung der allgemeinen Lebensbedingungen für zunehmend größere Bevölkerungskreise in den Entwicklungsländern das Gefährdungspotenzial für die wohlhabenden Touristen aus dem Norden vergrößert.

Ein anderer Faktor ist schließlich das gesundheitliche Risiko. Tropische Krankheiten wie Malaria waren auch in der Vergangenheit nie ganz auszuschließen. Mit zunehmender Resistenz der Erreger gegen die herkömmlichen Arzneien und der Rückkehr mancher Seuchen wegen der mangelhaften Hygiene in den großstädtischen Marginalsiedlungen der Entwicklungsländer, hat sich das gesundheitliche Risiko auch für ausländische Besucher erhöht. Hinzu kommt die Gefährdung durch das HIV-Virus, das in vielen Ländern Afrikas weit verbreitet ist.

10.5 Ökonomische Effekte

Der Grund, weshalb sich die allermeisten Entwicklungsländer um den Ausbau der Fremdenverkehrswirtschaft bemühen, ist die Erwartung, dass sich daraus positive Effekte für ihre Wirtschaft ergeben. Das ist in aller Regel auch so. Dabei muss zwischen makro-ökonomischen , regionalen und personen- bzw. betriebsbezogenen Wirtschaftsimpulsen unterschieden werden.

Zu den makroökonomischen Effekten gehört, dass sich durch den Aufbau bzw. Ausbau eines Wirtschaftszweiges das Bruttoinlandsprodukt erhöht. Die im Tourismussektor tätigen Unternehmen müssen Steuern zahlen, wodurch sich die Haushaltslage des Staates verbessert. Das gleiche gilt für die formell Beschäftigten. Wie die Abbildung auf der Seite 118 zeigt, verbessert sich durch die Einnahmen aus dem Tourismus die Zahlungsbilanz der Entwicklungsländer insgesamt. Ob davon für das einzelne Land eine spürbare Entlastung der Zahlungsbilanz ausgeht, hängt von der Bedeutung dieses Wirtschaftssektors ab, und die ist sehr unterschiedlich.

Von besonderer Bedeutung ist der Beschäftigungseffekt, denn die große Mehrzahl der Entwicklungsländer leidet unter hoher Arbeitslosigkeit und Unterbeschäftigung. Dem kommt entgegen, dass der Tourismus zu den besonders arbeitsintensiven Wirtschaftsbereichen gehört. Die tourismustypischen Tätigkeiten eines Zimmermädchens, eines Kochs, eines Kellners, eines Reiseführers oder Fahrers lassen sich nicht wegrationalisieren. Im Schnitt entstehen pro Hotelbett ein bis zwei Arbeitsplätze im Tourismussektor. Darüber hinaus strahlen die ökonomischen Effekte in andere Wirtschaftssektoren aus, es ergeben sich die so genannten backward linkages zu anderen Branchen. Die Bauwirtschaft ist mit dem Aufbau der touristisch genutzten Infrastruktur beschäftigt, zumindest eine Zeit lang. Die Landwirtschaft erzeugt einen Teil der in den Restaurants benötigten Lebensmittel, Kunsthandwerker produzieren die Souvenirs, Handwerker unterhalten den Fuhrpark usw. Insgesamt entstehen so noch einmal 0,5 bis 1,5 Arbeitsplätze pro Hotelbett. Karl Vorlaufer hat dieses Beziehungsgeflecht für unterschiedliche Stadien der touristischen Entwicklung in einem Modell anschaulich zusammengefasst (vgl. Abb. folgende Seite).

Sehr typisch für den Tourismus in Entwicklungsländern ist, dass ein recht großer Teil der Tätigkeiten dem informellen Sektor zuzuordnen ist. Die hier Beschäftigten werden von keiner Statistik erfasst und zahlen keine Steuern. Für die Kleinhändler, Handwerker und sonstigen Dienstleister entstehen aber auch bescheidene Einkommen, die das Überleben vieler Familien sichern. Nach Schätzungen arbeiten bis zu 50 % aller Beschäftigten im informellen Sektor der Tourismusbranche.

Tourismus in Entwicklungsländern ist weniger als in den Industrieländern auf die Großstädte ausgerichtet, seine Zielgebiete sind vielmehr Meeresküsten, Gebirgsregionen und ländliche Räume – mit anderen Worten: periphere Räume. Dem Ferntourismus ist ein ausgesprochener

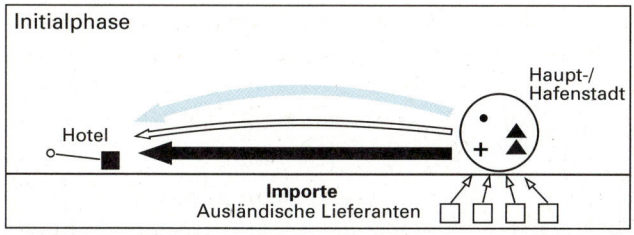
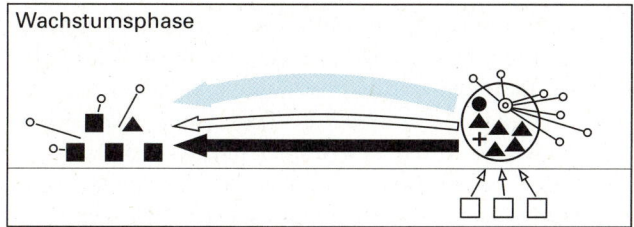
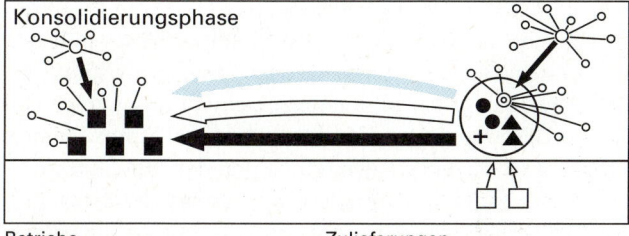

Modell der raumzeitlichen Entfaltung der „backward linkages" des Beherbergungsgewerbes eines ressourcenarmen Inselstaates am Beispiel der Verflechtung mit der Bau- und Agrarwirtschaft sowie der Getränke-, Nahrungs- und Genussmittelindustrie
nach Vorlaufer, Karl: Tourismus in Entwicklungsländern. Darmstadt 1996, Abb. 22

Drang in periphere Räume eigen: zum einen, weil immer wieder neue Ziele gewünscht werden, und zweitens, weil es neben dem für das breite Publikum typischen Badetourismus einen deutlichen Trend zu Extremurlauben gibt, zu Abenteuerreisen mit Expeditionscharakter in entlegene Gebiete. Wenn dort im Zusammenhang mit und für den Tourismus Infrastruktur aufgebaut wird, so heißt das, dass die räumlichen Disparitäten tendenziell verringert werden und somit einer weiteren Metropolisierung entgegengewirkt werden kann (vgl. Kap. 6). Der Tourismussek-

Dichotomie: scharfer Kontrast zwischen zwei Landesteilen bezüglich des Entwicklungsstandes, der Arbeitsmarktlage usw.

tor schafft vergleichsweise gut bezahlte Arbeitsplätze in peripheren Räumen und damit einen wirtschaftlichen Wachstumspol außerhalb der Hauptstadt. Die häufig gegebene Dichotomie zwischen der Primatstadt und dem Rest des Landes wird gemildert.

Bei den personen- und betriebsbezogenen Wirtschaftseffekten muss im Einzelfall untersucht werden, in welchem Umfang die Einnahmen aus dem Tourismus einheimischen Betrieben zugute kommen. Beim Hotelpersonal, in der landwirtschaftlichen und kunsthandwerklichen Produktion ist dies ganz überwiegend der Fall. Ganz anders kann es aussehen, wenn das Hotel einer internationalen Kette gehört und ein größerer Teil der Übernachtungskosten wieder ins Ausland abfließt. Hierzu lassen sich keine zusammenfassenden Aussagen machen, da dies im konkreten Fall von Land zu Land, von Hotel zu Hotel und bei den verschiedenen Tourismusarten (Badetourismus ↔ Abenteuertourismus) sehr unterschiedlich ausgeprägt ist. Zusätzliche Importe müssen für den Tourismus immer getätigt werden, ob für den Whisky in der Hotelbar oder den Jeep des Safari-Unternehmens. Das spricht aber nicht grundsätzlich gegen den Tourismus in Entwicklungsländer. Viele Entwicklungsländer transportieren inzwischen die Ferntouristen mit eigenen Fluggesellschaften und überlassen diese Einnahmequelle nicht ganz den großen Fluggesellschaften aus den Industrieländern.

10.6 Mögliche negative Auswirkungen

Auf die Binnenwirtschaft eines Entwicklungslandes können sich begrenzte negative Effekte durch Preissteigerungen infolge der hohen touristischen Kaufkraft ergeben und durch den Rückgang traditioneller Wirtschaftssektoren, wenn es sich beispielsweise für Fischer nicht mehr lohnt, dieser Tätigkeit länger nachzugehen, weil der Touristentransport mit Booten viel einträglicher ist.

Zwischen dem Tourismus und anderen Wirtschaftsbereichen kommt es u. U. auch zu einer Konkurrenz um knappe Ressourcen. In Entwicklungsländern ist besonders das Kapital ein knappe Ressource (vergleiche Kapitel 6.4). In der Aufbauphase der Fremdenverkehrswirtschaft wird viel Kapital benötigt, das für andere Sektoren dann nicht zur Verfügung steht. Auch um begehrte Strandabschnitte oder um die knappe Ressource Wasser kann es Nutzungskonkurrenz geben. So sind in der Bucht von Hammamet in Tunesien neue Hotels mit über 22 000 Betten entstanden. Jeder Tourist dort verbraucht täglich mindestens 250 Liter Wasser. An einem Standort am Rande des nordhemisphärischen Trockengürtels wirft das ernste und voraussichtlich irreversible Probleme auf: der Grundwasserspiegel sinkt, vom Meer her dringt Salzwasser nach, die Landwirtschaft verödet.

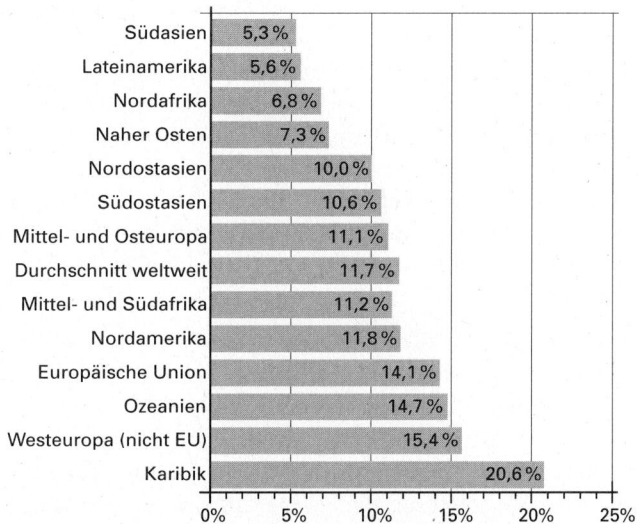

Anteile des Tourismus am BIP einzelner Regionen
www.geowissenschaften.de/kap3/3abb0010.htm

Mit der wachsenden Bedeutung des Tourismussektors ergibt sich für kleine Entwicklungsländer eine neue Abhängigkeit. Die obige Abbildung zeigt, wie unterschiedlich groß die wirtschaftliche Bedeutung des Fremdenverkehrs in den einzelnen Regionen ist. Die Regionen mit kleinen Inselstaaten verzeichnen die höchsten Werte. In einzelnen dieser Entwicklungsländer in der Karibik, im Pazifik oder für die Malediven hat sich der Fremdenverkehr zum dominierenden Wirtschaftssektor entwickelt, der im Extremfall bis zu 90 % des BIP ausmacht. Diese Monostruktur macht die Wirtschaft sehr anfällig für Nachfrageschwankungen. Wenn durch kaum vorhersehbare Ereignisse, z. B.

einen Taifun in der Karibik oder wie im Falle des Korallensterbens von 1997 auf den Malediven die Grundlagen des Tourismus tangiert sind und die Tourismusbranche deutliche Einbußen hinnehmen muss, so schlägt das unmittelbar auf die Gesamtwirtschaft durch.

In den Entwicklungsländern selbst werden besonders die negativen soziokulturellen Auswirkungen auf die einheimische Bevölkerung durch den Kontakt mit den Fremden herausgestellt. Diese sind in der Tat auch gegeben, in sehr unterschiedlichen Ausprägungen und in unterschiedlicher Intensität. Die einheimische Bevölkerung bekommt durch den Umgang mit den Touristen Einblick in das, was gemeinhin als westliche Lebensweise bezeichnet wird und was für manche Kulturkreise negative Erscheinungsformen mit sich bringt: etwa der Alkoholkonsum in islamischen Ländern, Taktlosigkeiten gegenüber religiösen Riten in buddhistischen Ländern oder in Indien und Ähnliches. Hier wird zu recht eine negative Überformung der eigenen kulturellen Identität befürchtet, die Sozialverträglichkeit des Tourismus ist dann nicht mehr gegeben. Allerdings gehen solche Einflüsse auch von den globalen Medien Fernsehen, Video oder Internet aus.

Sozialverträglichkeit: ohne nennenswerte negative Auswirkungen auf das Sozialgefüge

Vergleichbares gilt für die traditionellen Sozialstrukturen in vielen Entwicklungsländern. Wenn Jugendliche durch einen leichten Job im Tourismussektor plötzlich mehr Geld verdienen als die Elterngeneration in den traditionellen Berufen, so bleibt das nicht ohne Auswirkungen. Schulkinder schwänzen die Schule um sich als Fremdenführer zu verdingen und gefährden ihre Schulausbildung. Die Reihe der Beispiele ließe sich fortsetzen.

Besonders krass sind die negativen Auswirkungen im Zusammenhang mit dem Sextourismus. Hier hat sich in einigen Ländern im Zusammenhang mit dem Ferntourismus die Prostitution in vorher nicht gekanntem Ausmaß ausgebreitet, in die auch Kinder in großer Zahl involviert sind.

10.7 Das Problem der Nachhaltigkeit

Wirtschaftliche Tätigkeit ist stets mit der Nutzung und dem Verbrauch natürlicher Ressourcen verbunden, das gilt auch für den Tourismus: Flächen werden versiegelt, das Verkehrsaufkommen steigt usw. Für den Fremdenverkehr in Entwicklungsländern ergeben sich aber auch ganz spezifische Probleme. So ist gerade in den peripheren Räume nicht die Infrastruktur zur Abwasser- und Abfallentsorgung vorhanden. Während Investitionen in die versorgende Infrastruktur als Voraussetzungen der touristischen Inwertsetzung eines Landesteils unumgänglich sind, werden die Investitionen in die Entsorgung häufig als zweitrangig angesehen. Das ist zu kurz gedacht. Eine intakte Umwelt ist eine Voraussetzung für den Tourismus. Die Touristen suchen stets die naturnahe „heile Welt", tragen aber bei massenhaftem Auftreten entscheidend dazu bei, eben diese zu zerstören. Bei touristischer Übernutzung, wenn die Tragfähigkeit eines Zielgebietes überschritten wird, droht eine Degradation der naturnahen Landschaft, etwa durch die zu starke Überbauung von Küsten oder durch die Einleitung ungeklärter Abwässer in küstennahe Gewässer.

Auf der anderen Seite kann der Tourismus durch seine wirtschaftliche Bedeutung gerade in Entwicklungsländern ein Motiv sein, sich der Erhaltung der natürlichen Ressourcen zu widmen, eben weil sonst die Touristen bald wieder ausbleiben. Die natürlichen Ressourcen erhalten durch den Fremdenverkehr in manchen Fällen erstmals eine wirtschaftliche Bedeutung. Ein Beispiel dafür sind die Wildschutzgebiete und Nationalparks in vielen Entwicklungsländern. Sie sind wichtige Zielgebiete für Fotosafaris und für den Jagdtourismus. Ihr Schutz vor Wilderern schafft neue Arbeitsplätze.

Nachhaltigkeit ist also auch beim Fremdenverkehr gefordert, damit er nicht seine eigenen Grundlagen zerstört. Dazu können gesetzliche Bestimmungen und organisatorische Entscheidungen beitragen, vor allem aber das Verhalten der Touristen selbst. „Ökotourismus" heißt das entsprechende Schlagwort, zu oft aber ist es nicht viel mehr als ein Schlagwort.

Für eine grundlegende allgemein-geographische Darstellung des Tourismus vergleichen Sie bitte folgenden Band:

Krause, Karin
Abiturwissen: Allgemeine Geographie Deutschlands. Gotha 2000

10.8 Abi-Übung: Tourismus

1. Formulieren Sie die wesentlichen Aussagen der Tabelle M 1 für die Entwicklung des Tourismus in den Entwicklungsländern und zeigen Sie auf, wo sich Einschränkungen bezüglich der Aussagekraft der Daten ergeben.

	1970	1980	1990	1991	1992	1993	1994	1995	1996	1997	1998
Afrika											
Ankünfte	1,5	2,6	3,3	3,5	3,6	3,6	3,5	3,6	3,7	3,7	3,9
Einnahmen	2,7	2,6	2,0	1,8	2,0	2,0	1,9	1,9	2,0	2,1	2,2
Nord- und Südamerika											
Ankünfte	22,5	21,5	20,4	20,8	20,6	20,0	19,2	19,5	19,5	19,2	19,3
Einnahmen	26,8	24,1	26,2	28,1	27,3	28,2	27,0	25,5	25,7	27,1	27,3
Ostasien/Pazifik											
Ankünfte	3,2	7,5	11,9	12,2	12,8	13,7	13,9	14,3	14,9	14,2	13,6
Einnahmen	6,1	8,3	14,6	14,6	15,1	16,7	18,0	18,4	18,7	17,4	15,6
Europa											
Ankünfte	68,2	65,1	61,7	61,0	60,2	59,8	60,4	59,6	58,9	59,7	60,0
Einnahmen	61,6	60,3	54,8	53,4	53,2	50,6	50,4	51,5	50,8	50,3	52,1
Naher Osten											
Ankünfte	1,1	2,6	2,0	1,8	2,2	2,2	2,3	2,4	2,4	2,4	2,4
Einnahmen	2,2	3,3	1,6	1,4	1,6	1,8	1,8	1,9	1,9	2,1	1,8
Südasien											
Ankünfte	0,5	0,8	0,7	0,7	0,7	0,7	0,7	0,7	0,7	0,8	0,8
Einnahmen	0,6	1,5	0,8	0,8	0,9	0,8	0,9	0,9	0,9	1,0	1,0

M 1: Anteil der Regionen an den internationalen Touristenankünften und an den weltweiten Einnahmen aus dem Tourismus
http://www.world-tourism.org/index2.htm (S. 13)

Anhang

Komplexe Abituraufgabe: Lima (Peru)

1. Beschreiben Sie anhand geeigneter Atlaskarten und des Materials 1 die Lage und die Bedeutung der Hauptstadt Lima im Wirtschaftsraum Peru.

2. Arbeiten Sie aus den Materialien 2, 3 und 4 Merkmale des Migrationsprozesses in Peru heraus.

3. Stellen Sie die Auswirkungen des Migrationsprozesses auf die Stadtstrukturen von Lima anhand der Materialien 5 und 6 dar.

4. Bewerten Sie die Binnenmigration in Peru unter Berücksichtigung der Materialien 7 bis 11.

Lima Metropolitana	7 060,6
Arequipa	696,9
Trujillo	571,3
Chiclayo	469,2
Iquitos	324,0
Piura	302,6
Chimbote	298,8
Huancayo	294,7
Cusco	278,8

M 1: Einwohnerzahlen der neun größten Städte Perus
www.inei.gob.pe/inei4/percifra/inf-dem/cua8.htm

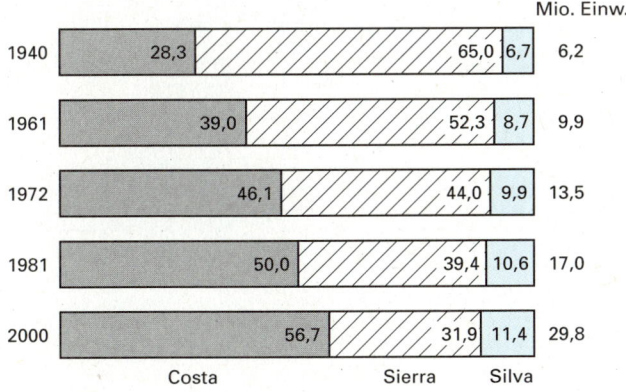

M 2: Bevölkerungsverteilung nach Naturräumen in Peru
nach Kroß, Eberhard: Die Barriadas von Lima. Stadtentwicklungsprozesse in einer lateinamerikanischen Metropole, Bochumer geographische Arbeiten, Heft 55, Schöningh: Paderborn 1992, S. 56

	Lima	Peru
1940	649	6208
1961	1846	9907
1972	3303	13538
1981	4608	17005
1993	6423	22639
1998	7061	25200

M 3: Bevölkerungszahlen 1940 – 1998 (in 1000)
Gustavo Riofrio: Lima: Mega-city and mega-problem, In: Gilbert, Alan (Hrsg.): The Mega-City in Latin America, United Nations University Press: Tokyo 1996, S. 157, ergänzt nach web

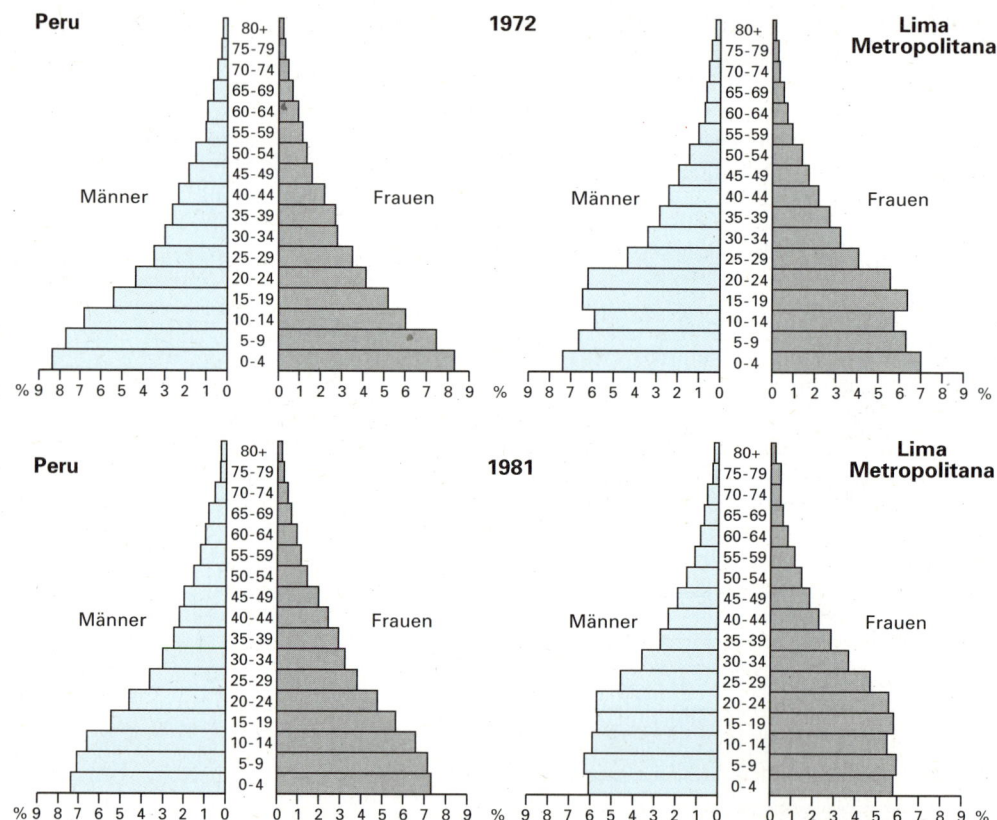

M 4: Bevölkerungspyramiden von Peru und Lima Metropolitana
nach Kroß, Eberhard: Die Barriadas von Lima. Stadtentwicklungsprozesse in einer lateinamerikanischen Metropole, Bochumer geographische Arbeiten, Heft 55, Schöningh: Paderborn 1992, S. 54

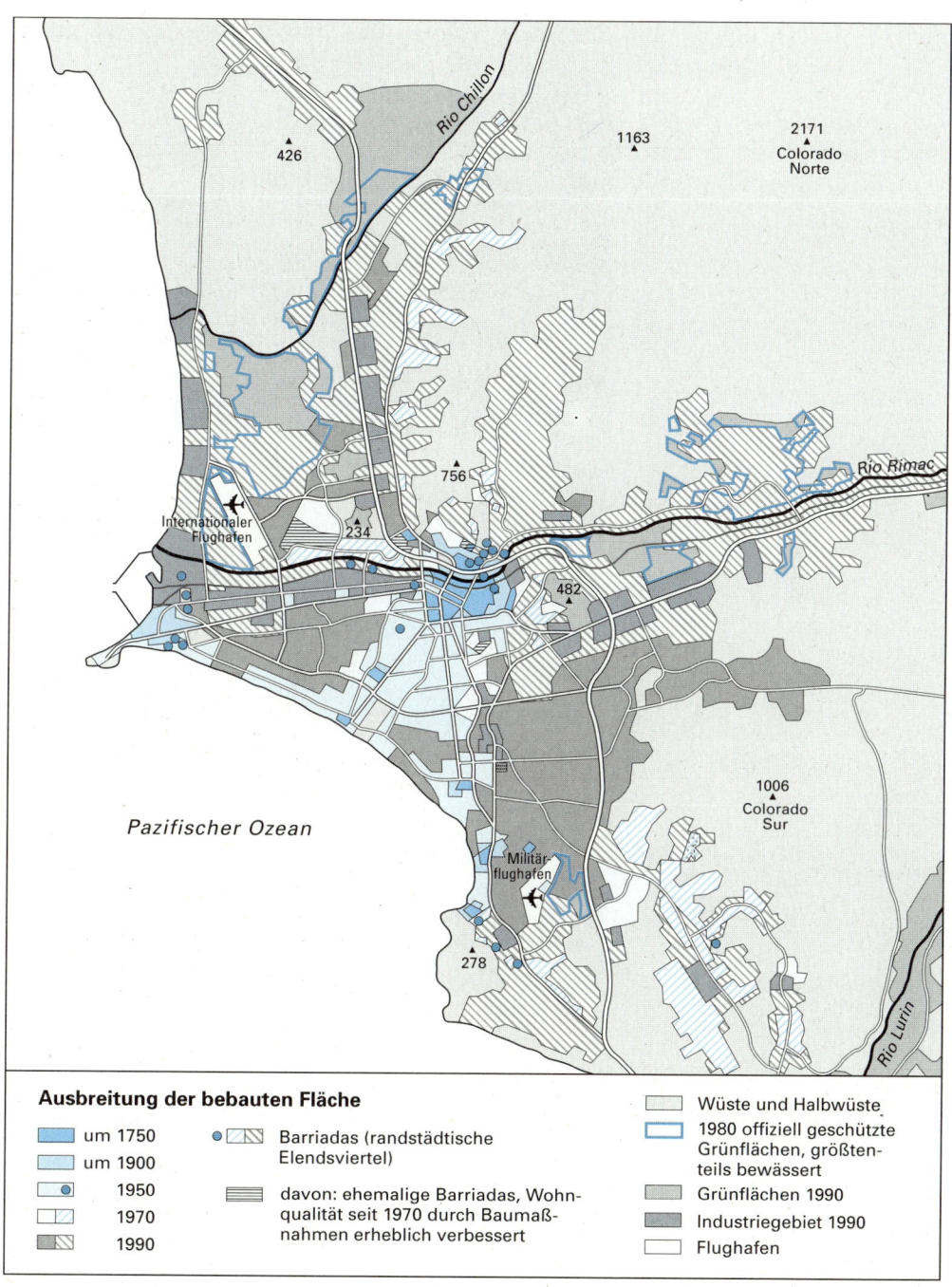

M 5: Großraum Lima: Unkontrolliertes Städtewachstum
ALEXANDER PRO. KLETT-PERTHES, Gotha 1996

M 6: Barriada
Kroß, Bochum

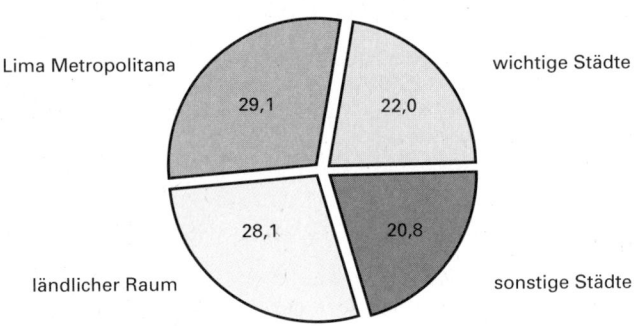

M 7: Bevölkerungsverteilung in Peru
nach www.inei.gob.pe/inei4/percifra/inf-dem/cua7.htm

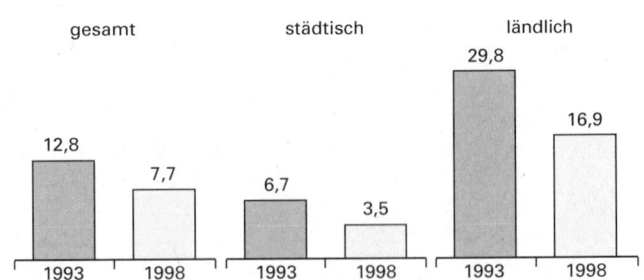

M 8: Analphabetentum 1993–1998 (%)
nach www.inei.gob.pe/inei4/percifra/inf-soc/cuad4.htm

	1979	1990	1993
Arbeitslosigkeit	6,5	8,3	9,6
Unterbeschäftigung	33,0	73,1	77,6
ausreichend beschäftigt	60,6	18,6	12,8

M 9: Arbeitslosigkeit und Unterbeschäftigung in Lima
(in % der Bevölkerung im berufstätigen Alter)
Gustavo Riofrio: Lima: Mega-city and mega-problem, In: Gilbert, Alan (Hrsg.): The Mega-City in Latin America, United Nations University Press: Tokyo 1996, S. 158

soziale Schicht	Bevölkerung (in 1000)	%
Oberschicht	184	2,8
Mittelschicht	1310	20,1
unter der Armutsgrenze[1]	2483	38,1
in extremer Armut[1]	2540	39,0
gesamt	6518	100,0

[1] The poverty line is measured as twice the cost of purchasing a minimum basket of food goods; the extreme need line as the cost of purchasing a minimum basket of goods.

M 10: Bevölkerung nach sozialer Schicht in Lima Metropolitana
Riofrio, Gustavo: Lima: Mega-city and mega-problem, In: Gilbert, Alan (Hrsg.): The Mega-City in Latin America, United Nations University Press: Tokyo 1996, S. 160

Wasseranschluss im Haus	63,6
Anschluss an Abwassersystem	60,2
Stromanschluss im Haus	82,1
Gesamtzahl der Haushalte (absolut)	1 399 530

M 11: Wasserversorgung, Abwasseranschluss und Elektrizitätsversorgung (in % der Haushalte)
Riofrio, Gustavo: Lima: Mega-city and mega-problem, In: Gilbert, Alan (Hrsg.): The Mega-City in Latin America, United Nations University Press: Tokyo 1996, S. 163

Register

A

absolute Armut	37
absolutes Wachstum	27
Abtreibung	30
Agenda 21	57
Agglomerationsnachteil	66
AKP-Länder	20
Alterspyramide	27
Altersstruktur	27
angepasste Technologie	109
anthropogene Faktoren	39
äolische Abtragung	48
arbeitsintensiv	103
Armutsbekämpfung	109
Armutsbezug	111
Armutsfalle	25
Ausbildung	109
Ausgangsgestein	72
Außenwanderung	69
autozentrierte Entwicklung	95

B

backward linkages	124
backwash effects	93
Barriada	64
Besitzersplitterung	40
Bestanderhaltungsniveau	31
Bevölkerungsdruck	60
Bevölkerungsexplosion	21
Bevölkerungsfalle	25
Bevölkerungsmomentum	31
Bevölkerungspyramide	27
Bidonville	64
bilateral	105
Bildung	109
Binnenland	72
Binnenwanderung	60
Biodiversität	51
Biomasse	51
BIP	19
BMZ	103
Bodenart	48
Bodendegradation	48
Bodenerosion	48
brain drain	70
Bright-Lights-Effekt	61
Brundtland-Bericht	98
Bruttosozialprodukt	15
Bustee	64

C

cash crops	39
chemische Bodendegradation	49
chemische Verwitterung	38
Counterpart	105

D

DAC(-Liste)	17, 104
Degradierung	45
Deindustrialisierung	87
Demograph	23
demographische Falle	25
Dependenztheorie	94
Deregulierung	87
Desertifikation	49
Development Assistance Committee	104
Dichotomie	126
Direktinvestition	88
Disparitäten	14
Dissoziation	95
Drainage	50
Dritte Welt	15
dualistische Struktur	40
dualistische Wirtschaftsstruktur	73

E

Eigendynamik des Bevölkerungswachstums	27
El Niño	39
Empfängerland	105
Empowerment	32
endemisch	121
endogene Ursachen	71
Entschuldungsinitiative	86
Entwicklungsexperte	107
Entwicklungshelfer	107
Entwicklungshilfe	103
Entwicklungsländer	14
Entwicklungspolitik	104
Entwicklungszusammenarbeit	103
Erosionsrinnen	48
Ersatzniveau	31
Erzeugerpreis	41
Ethnie	78
Evapotranspiration	52
exogene Ursachen	76
exponentielles Wachstum	21
extensiv	72

F

FAO	20
Favela	64
Ferntourismus	117
Fertilitätsrate	26
finanzielle Zusammenarbeit	106
Flächennutzungskonkurrenz	39
Flächenproduktivität	40
food crops	39

food for work	109
footloose industries	87
formeller Sektor	63
fossile Grundwasser-vorkommen	54
Frauenförderung	110
Fruchtbarkeitsrate	26
Fruchtbarkeits-regulierung	28
funktionale Primacy	67

G

G7-Gruppe	86
gebärfähiges Alter	27
Geberland	105
Geburtenkontrolle	28
Geburtenrate	23
generatives Verhalten	26
Genpool	51
Gentechnologie	43
global governance	100
Global player	87
globale Migration	5
Globalisierung	13
Globalisierung	86
good governance	74
Grüne Revolution	42
GTZ	105
Gunstgebiet	50

H

harte Standortfaktoren	87
HDI	17
Heterogenität	17
Hilfe zur Selbsthilfe	108
HIPC-Länder	20
Human-Development-Index	15
human development	99
Humankapital	74
Humus	49

I

immateriell	97
Imperialismus	77
Industrieländer	14
informeller Sektor	63
innere Tropen	38
Integrierte Regionalentwicklung	107
Integriertes Rohstoffprogramm	98
internationale Arbeitsteilung	76
Inwertsetzung	51
irreversibel	50

J

joint venture	95
Jugendsockel	27

K

Kampung	68
Kapitalbildung	75
Kapitalflucht	75
Kartell	97
Kastenwesen	68
Kationenaustauschkapazität	38
KfW	106
Kindersterblichkeit	26
Kleinstrukturiertheit	40
Know-how	95
Kohlenstoffsenke	51
Kolonialismus	76
konvertible Währung	120
Kulturlandschaft	120

L

Landflucht	61
Lateritkrusten	50
Latifundien	40
Latosol	38
LDC-Länder	19
Lebenserwartung	26
legaler Arbeitsmigrant	69
Lieferbindung	106
LIFDC-Länder	20
Low-cost-housing-Projekt	66

M

makro-ökonomisch	96
Mangelernährung	37
man land ratio	51
Marginalsiedlung	64
Marktmechanismen	88
Marktregulierung	98
Marshall-Plan-Hilfe	93
Mehrfachernten	42
Metropolisierung	60
Migrant	69
Minifundien	40
mittlere Variante	34
Mobilität	61
Monokultur	80
Monostruktur des Exports	80
Monsun	39
multilateral	105
Multinationale Konzerne	94
Multiplikatoreffekt	103
multisektoraler Ansatz	111
Müttersterblichkeit	30

N

Nachhaltigkeit,	
ökologisch	47
ökonomisch	104
organisatorisch	109

nachholende
  Industrialisierung 93
Nation-Building 78
Naturlandschaft 120
natürliches Bevölkerungs-
  wachstum 21
Nehmerland 105
Neo-Kolonialismus 78
Nettoreproduktionsrate 31
Neue Weltwirtschafts-
  ordnung 98
NGO 105
nichtrückzahlbare
  Zuschüsse 106
Norden 14
NWWO 98

O

ODA 90
OECD 17, 104
Official Development
  Assistance 103
Öko-Imperialismus 99
Ökumene 50
OPEC 20
Outsourcing 88

P

Partizipation 109
Parzellen 48
patriarchalische
  Gesellschaft 25
Peripherie 94
personelle Infrastruktur 121
personelle Zusammen-
  arbeit 107
physisch-geografisch 38
Plantage 39
primacy rate 67
Primatstadt 67
Primatstellung 67

Produktionsfaktoren 71
Produktionsgütersektor 95
Produktionsmittel 75
Programmhilfe 107
Projekthilfe 107
Projektplan 114
Public-Private
  Partnership 100
Pull-Faktor 61
Punjab 42
Push-Faktor 60

Q

Quango 105
Quellgebiet 118
Querschnittsaufgabe 109

R

Rancho 64
räumliche Disparitäten 42
regionaler Bezugs-
  rahmen 111
reinvestieren 103
relatives Wachstum 21
Reliefenergie 72
Rendite 88
Reproduktionsverhalten 28
reproduktive Gesundheit 30
reproduktive
  Revolution 28
Ressourcen 45

S

Sahelzone 48
Säuglingssterblichkeit 26
Schichtfluten 56
Schuldendienstquote 85
Schuldenkrise 84
Schuldenquote 85

Schwellenländer 17
sekundärer Wirtschafts-
  sektor 14
selektive Migration 61
selektive Nutzung 53
self reliance 95
Site-and-service-Projekt 66
Slum 64
Slumsanierung 66
Sonderwirtschaftszonen 95
sozial degradiert 64
soziale Disparitäten 42
Sozialverträglichkeit 128
sozio-ökonomisch 100
Sparquote 75
Spontansiedlung 64
spread-effects 93
squatter settlement 64
Stadt-Land-Wanderung 60
stationäre Bevölkerung 31
Sterberate 23
strukturelle Hetero-
  genität 94
Sub-Sahara-Afrika 17
Subsistenzwirtschaft 39
Süden 14
sustainable development 56

T

Take-off-Punkt 93
technische Zusammen-
  arbeit 105
Technologietransfer 107
Terms of Trade 81
tertiärer Wirtschafts-
  sektor 14
Tertiärisierung 59
Theorie der komparativen
  Kosten 80
Tigerstaat 75
TNC 88
total fertility rate 26
Tragfähigkeit 45

Trägheit der Bevölkerungsdynamik	31
Transformationsländer	17,19
Transitland	72
Transnationale Unternehmen	103
Triade	79
Tribalismus	78
Trickle-down-These	93

U

Überalterung	63
UdSSR	19
Umwelt- und Ressourcenschutz	110
Umweltflüchtling	69
Umwelttechnologie	99
UN	17
UNCTAD	98
Unterernährung	36
Upgrading-Projekt	65
Urbanisierung	59

V

Variabilität	39
Veredelungswirtschaft	45
Verhütungsmittel	28
Vermarktung	41
Versiegelung	50
Verstädterung	59
Verstädterungsgrad	59
Verstädterungsrate	59

W

Wachstum der Wohnbevölkerung	22
Wachstumsrate	22
Wanderungsbilanz	67
Wanderungsbewegungen	61
Wanderungsmotiv	61
Warenstruktur	80
Wassererosion	48
wechselfeuchte Tropen	39
weiche Standortfaktoren	87
Weltbank	17
Wendekreiswüste	72
WHO	36
Winderosion	48
Wirtschaftszyklen	84

Z

Zenitalregen	39
Zielgebiet	118
Zielgruppenbezug	111
Zielregion	70
Zirkulationsmuster der Troposphäre	39
Zulieferer	103
Zuschusselement	104
Zweischichttonminerale	38

Lösung Abi-Übung:
Bevölkerungswachstum (S. 35)

Aufgabe 1

Es gibt Gemeinsamkeiten und Unterschiede zwischen beiden Bevölkerungspyramiden. Zu den Gemeinsamkeiten zählen, dass es sich um zwei annähernd gleich große Bevölkerungen handelt, und zwar die zahlenmäßig größten der Welt mit 1,25 Milliarden in China und 1 Milliarde in Indien.

Bei den alten Jahrgängen ab 60 Jahren ist ein ähnlicher Aufbau erkennbar. Bei vielen Jahrgängen überwiegt die männliche Bevölkerung, besonders bei den Jüngeren.

Es sind aber auch markante Unterschiede ablesbar. Dazu gehören der gleichmäßige Aufbau der indischen Pyramide, während bei der chinesischen Pyramide starke Sprünge zwischen den Jahrgangsgruppen bis 54 Jahre auftreten. Ein anderer Unterschied ist der deutliche Rückgang der Jahrgangsstärke bei den fünf jüngsten Jahrgangsgruppen in China, während in Indien der Zuwachs nur leicht zurückgeht.

Nicht alle der folgenden Erklärungen können nach Lektüre des Kapitels benannt werden.

In Indien führte ein weitgehend unbeeinflusstes Bevölkerungswachstum zur typischen Pyramidenform für Entwicklungsländer mit relativ großem Bevölkerungswachstum (1,9 % = 1998). Nur bei den jüngsten Jahrgängen ist ein leichter Einfluss von erfolgreicher Familienplanung erkennbar.

In China gibt es einen Rückgang bei den jüngsten Jahrgängen durch die rigorose staatliche Planungspolitik („Ein-Kind-Familie", vgl. S. 30f.). Andere „Unregelmäßigkeiten" sind durch historische Ereignisse zu erklären, nämlich durch die schwache Jahrgangsgruppe 55 – 59 wegen des Bürgerkriegs in China. Die starken Jahrgänge 40 – 49 sind eine Folge der Nachkriegszeit und der Förderung kinderreicher Familien durch Mao. Der starke Rückgang der Altersgruppe 35 – 39 zeigt die Hungertoten durch die Politik des „Großen Sprungs nach vorn" (1958 – 1961), bei dem die landwirtschaftliche Produktion vernachlässigt worden war. Das Überwiegen der männlichen Bevölkerung in beiden Ländern ist eine Folge der Bevorzugung von Jungen und der gezielten Abtreibung weiblicher Föten.

Die Konsequenzen dieser Bevölkerungsstruktur sind weittragend. In Indien wird das wenig gebremste Wachstum zu einer erheblichen Bevölkerungszunahme führen, Indien wird zur bevölkerungsreichsten Nation der Welt werden. Die weiter zunehmende Bevölkerungsdichte wird zur Übernutzung natürlicher Ressourcen führen. Die Bekämpfung der Armut der Massen erscheint wenig aussichtsreich. Das Überwiegen der Jungen wird zu Frauenmangel führen.

In China wird das Überwiegen der Jungen gleichfalls Frauenmangel zur Folge haben. Das deutlich reduzierte Bevölkerungswachstum wird aber eine Entlastung bei der Versorgung der Bevölkerung bringen. Jedoch wird der drastische Rückgang bei den jüngsten Jahrgangsgruppen zu einer dramatischen Überalterung der Bevölkerung führen.

Lösung Abi-Übung: Nachhaltigkeit (S. 58)

Aufgabe 1

Die globale Verbreitung der Desertifikationserscheinungen zeigt, dass die inneren Tropen und die hohen Breiten kaum von Desertifikation betroffen sind. Die gefährdeten Regionen liegen überwiegend in den Randtropen und den Subtropen. Die Wüstengebiete selbst weisen auch keine entsprechenden Signaturen auf.

Unterschieden werden in der Legende zwei verschiedene anthropogene Ursachen: den Verhältnissen nicht angepasste Viehhaltung und nicht angepasste ackerbauliche Nutzung. Beide Signaturen treten häufiger auch zusammen auf und stellen dann eine besonders große Gefährdung des natürlichen Nutzungspotenzials dar.

Unter „den Verhältnissen" sind vor allem die klimatischen Verhältnisse zu verstehen, d.h. die jährliche Niederschlagshöhe und die Variabilität der Niederschläge. Aus diesen Klimafaktoren ergibt sich, wie gut sich die Vegetation nach der Beweidung regenerieren kann, bzw. wie gut die Ackerfrüchte wachsen und den Boden vor Desertifikation schützen können.

In den inneren Tropen mit ihren fast ganzjährig fallenden Niederschlägen kann sich die Vegetation nach der Beweidung ausreichend erholen. Der Boden ist durch die regelmäßigen Niederschläge immer feucht genug und kann daher nicht fort geweht werden. Die Kerngebiete der Wüsten werden nicht großflächig genutzt. Sie können auch nicht durch Desertifikation zu Wüsten gemacht werden, sie sind es schon. In den gemäßigten Breiten treten die Niederschläge meist ganzjährig auf, deshalb gibt es hier keine Desertifikation. In den hohen Breiten gibt es kaum eine landwirtschaftliche Nutzung.

Der Vergleich mit den Klimakarten zeigt, dass es besonders die Randbereiche der großen Trockengebiete sind, die von Desertifikation betroffen sind, sowie diejenigen Regionen, die ein wechselfeuchtes Klima haben und damit eine ausgeprägte Trockenzeit aufweisen oder durch eine große Variabilität der jährlichen Niederschläge zu häufiger auftretenden Dürren neigen. Das trifft besonders auf die Geozonen der Savannen und Steppen, auf die sommertrockenen Subtropen und die wechselfeuchten Monsungebiete zu.

Besonders markant ist die Desertifikation in der Sahelzone ausgeprägt. Hier treten beide Ursachen der Desertifikation verbreitet gemeinsam auf. Der aus dem starken Bevölkerungswachstum der Sahelländer resultierende Bevölkerungsdruck lässt die landwirtschaftliche Nutzung immer stärker in die Dornsavannen vordringen und führt in Dürrezeiten zu einer Überweidung und Übernutzung des natürlichen Potenzials. Die Vegetationsdecke wird irreversibel geschädigt, der immer weniger geschützte Boden wird vom Wind abgetragen oder auch durch Bodenerosion geschädigt und die Nutzungsmöglichkeiten verschlechtern sich zunehmend. Dazu trägt auch der Einschlag von Holz bei, der aber in der Karte nicht dargestellt wird.

Desertifikation ist nicht nur ein Problem in den Entwicklungsländern, wie die Beispiele USA und Australien zeigen. Doch sind die Entwicklungsländer aus mehreren

Gründen in besonderem Maße betroffen. Zum einen ist hier die man-land-ratio in bevölkerungsreichen Ländern wie Indien besonders schlecht, d. h. der Bevölkerungsdruck im ländlichen Raum ist sehr groß. Zudem wächst die Bevölkerung in den Entwicklungsländern immer noch so stark, dass ein gewisser Zwang zur Nutzung auch weniger geeigneter oder besonders gefährdeter Flächen besteht. Zweitens liegen viele Entwicklungsländer in den Großregionen, die aus klimatischen Gründen zur Desertifikation neigen. Drittens ist es wegen des teilweise geringeren Bildungsniveaus in den ländlichen Gebieten einzelner Entwicklungsländer schwierig und sehr aufwendig, den Bauern das Gefahrenpotenzial zu vermitteln und Gegenmaßnahmen zu erläutern. Durch den hohen Anteil von Beschäftigten in der Landwirtschaft, wie er für die armen Entwicklungsländer typisch ist, sind von der Desertifikation weite Kreise der Bevölkerung in ihrer Existenz bedroht.

Lösung Abi-Übung: Sambia (S. 90f.)

Wirtschaftskarten im Atlas zeigen die große Bedeutung der Förderung und Verarbeitung von Buntmetallen, hauptsächlich von Kupfer für die Wirtschaft Sambias und die Konzentration der Wirtschaft im „Copper Belt" und in der Hauptstadt Lusaka.

Aufgabe 1:

Als exogene Ursachen für Entwicklungsdefizite in Sambia werden im Text genannt:

a) das ausschließliche Interesse an der Ausbeutung der natürlichen Ressourcen während der Kolonialzeit,
b) der Verfall der Kupferpreise und die daraus resultierenden rückläufigen Produktionszahlen.

Als endogene Ursachen werden im Text genannt:

a) die Fortsetzung der auf das Kupfer konzentrierten Wirtschaftspolitik durch die Regierung Kaunda,
b) die daraus resultierende „Monoökonomie" bei fehlender Diversifizierung der Wirtschaft,

c) die durch die Subventionspolitik verursachte Staatsverschuldung,
d) die traditionellen Wirtschafts- und Gesellschaftsstrukturen außerhalb des „Copper Belts".

Aufgabe 2:

Der Autor des Textes bewertet eingangs die Bedeutung des Kupfers für Sambia positiv, nämlich als eine Quelle des Reichtums. Er rügt die Wirtschaftspolitik der Kolonialmacht und deren Fortsetzung durch die Regierung Kaunda. Dadurch wurde Sambia völlig abhängig vom Kupfer, die Entwicklung der übrigen Wirtschaft und der Landesteile außerhalb des „Copper Belt" wurde versäumt.

Diese Auffassung des Autors ist zutreffend und wird von den jüngsten Wirtschaftsdaten gestützt. Das Diagramm zeigt das starke Schwanken des Kupferpreises im letzten Jahrzehnt des vorigen Jahrhunderts und den Preisverfall auf weniger als die Hälfte des Preises von 1989. Bei der gegebenen Monostruktur der sambischen Wirtschaft schlägt diese Preisentwicklung voll auf die gesamtwirtschaftliche Entwicklung durch. Aus diesem Grund zählt Sambia heute zu den ärmsten und am höchsten verschuldeten Entwicklungsländern. (Dies sollte mit aktuellen Wirtschaftsdaten aus den in der Aufgabenstellung genannten Quellen belegt werden)

Der Autor spricht in der Überschrift vom „Mythos ‚Kupferland'". Der Begriff ‚Kupferland' legt natürlichen Reichtum an Ressourcen nahe. Das ist nicht falsch. Aber, wie der Autor zutreffend darlegt, fanden nur wenige Menschen in der Kupferindustrie Arbeit, und nur ein kleiner Landesteil profitierte von der wirtschaftlichen Entwicklung. Der größte Teil des Landes und der Bevölkerung verharrte in traditionellen Gesellschafts- und Wirtschaftsstrukturen, konnte an der Entwicklung nicht teilhaben. Durch eine verfehlte Wirtschaftspolitik wurde das Land gänzlich vom Kupfer abhängig, wie der Autor zutreffend ausführt.

Lösung Abi-Übung: Tourismus (S. 130)

Die Tabelle zeigt die weltweite Entwicklung des Tourismus von 1970 bis 1998. Dargestellt sind die Prozentanteile von sechs Großregionen an den Ankünften (von Touristen) und an den Einnahmen (aus dem Tourismus).

Es zeigt sich, dass die Entwicklungsländer nur vergleichsweise geringe Anteile am Welttourismus haben, z. B. Afrika (3,8 %), Südasien (0,8 %) und der Nahe Osten (2,4 %) (alle Werte für 1998). Europa allein hat bei beiden Werten in allen Jahren einen Anteil von mehr als 50 %.

Wenn man die relative Entwicklung in den Großregionen betrachtet, so wird erkennbar, dass der Anteil der Industrieländer tendenziell zurückgeht (Europa, Amerika) während der Anteil der Entwicklungsländer steigt. Bei Afrika und dem Nahen Osten vergrößert sich bei den Ankünften im dargestellten Zeitraum der Anteil am Welttourismus um mehr als das Doppelte.

Bei einem Vergleich der Werte für die Touristenankünfte und die Einnahmen wird erkennbar, dass diese sich nicht immer parallel entwickeln. Dass erschwert die Interpretation der Daten. Bei Amerika sinkt der Anteil an den Ankünften um ein Fünftel, der Anteil an den Einnahmen bleibt aber auf dem gleichen Niveau. Dagegen steigert sich der Anteil Afrikas an den Ankünften auf mehr als das Doppelte, der Anteil an den Einnahmen sinkt aber leicht.

Die Ursache dafür sind Wechselkursschwankungen des Dollars, in den alle nationalen Daten zum Zweck der Vergleichbarkeit umgerechnet werden. Der Dollar ist im dargestellten Zeitraum insgesamt stärker geworden, die afrikanischen (und andere) Währungen haben gegenüber dem Dollar an Wert verloren, daher ist der Anteil an den Einnahmen zurückgegangen, denn sie werden in Dollar ausgedrückt. Der verlässlichere Wert, um die Entwicklung des Welttourismus zu untersuchen, sind also die Touristenankünfte.

Die Aussagekraft der Tabelle wird weiterhin durch die Abgrenzung der Großregionen eingeschränkt, besonders wenn man auf einen Vergleich zwischen Industrie- und

Entwicklungsländern abzielt. So wird nicht zwischen Anglo- und Lateinamerika unterschieden und in der Großregion „Ostasien/Pazifik" sind auch drei Industrieländer enthalten (Japan, Australien, Neuseeland).

Anmerkung: Der kursiv gedruckte Teil der Lösung würde nicht unbedingt erwartet werden können.

Lösung:
komplexe Abituraufgabe (S. 130 ff.)

Aufgabe 1

Lima liegt liegt am Fuß der Kordilleren, an der Pazifikküste Perus. Die geographischen Koordinaten der Stadt sind 13° südlicher Breite und 77° westlicher Länge. Die Stadt liegt wie viele andere peruanische Städte im wüstenhaft ausgeprägten Küstenstreifen der Costa, und zwar etwa in der Mitte der peruanischen Pazifikküste. Die Stadt selbst liegt nicht direkt an der Pazifikküste, die Hafenstadt Callao gehört aber mit zum Großraum Lima. Die Stadt liegt an der Panamericana, der Fernverkehrsstraße an der Westküste Nord-, Mittel- und Südamerikas.

Aus der Wirtschaftskarte ist ablesbar, dass sich in Lima die verarbeitende Industrie konzentriert, während die Gewinnung von Rohstoffen, die Landwirtschaft und der Fischfang sich gleichmäßiger über die Landesfläche verteilen. Auch bedingt durch seine zentrale Lage hat sich Lima zum Wirtschaftszentrum des Landes entwickelt.

Tabelle M 1 zeigt die überragende Position der Primatstadt Lima im peruanischen Städtesystem. 1998 hatte die Metropolitanregion Lima mit über 7 Mio. Einwohnern etwa zehn Mal so viele Einwohner wie die zweitgrößte Stadt Arequipa. Die primacy rate war demnach etwas größer als 10.

Aufgabe 2

Die Banddiagramme von Material M 2 zeigen die prozentualen Bevölkerungsanteile der drei großen Naturräume in Peru. Von 1940 bis 2000 lässt sich bei der Entwicklung der Bevölkerungsverteilung ein klarer Trend ablesen. Der Bevölkerungsanteil der Sierra, das sind vor allem die andinen Hochtäler, geht beständig zurück, von zwei Dritteln der Bevölkerung auf weniger als ein Drittel. Der Anteil der Selva, der Waldgebiete am Osthang der Anden und im Amazonastiefland, steigt von 6,7 % auf 11,4 % an. Der Bevölkerungsanteil der Costa, wo die meisten der großen Städte liegen, steigt von einem guten Viertel auf mehr als die Hälfte der Gesamtbevölkerung. Im dargestellten Zeitraum von 60 Jahren ist gleichzeitig die Bevölkerung Perus von 6,2 Mio. auf 29,8 Mio. gewachsen, sie hat sich also fast verfünffacht. Die Migrationsströme in Peru sind also von der Sierra zu einem kleineren Teil in die Selva und überwiegend in die Costa gerichtet.

Tabelle M 3 zeigt die Bevölkerungsentwicklung von Peru und von Lima für den Zeitraum von 1940 bis 1998. Während sich die Gesamtbevölkerung des Landes innerhalb dieser 58 Jahre etwa vervierfacht hat, wuchs Lima auf die elffache Bevölkerungszahl. Anders ausgedrückt: Wohnte 1940 nur jeder 10. Peruaner in der Hauptstadtregion, so war es 1998 schon jeder 4. Aus diesen Werten ergibt sich eine starke Konzentration der Binnenwanderung auf Lima und demzufolge eine weiter wachsende Bedeutung der peruanischen Metropole.

Die Bevölkerungspyramiden Perus und Limas (Material M 4) unterscheiden sich 1972 klar. Die peruanische Bevölkerungspyramide zeigt die klassische Pyramidenform eines Entwicklungslandes mit einer rasch wachsenden Bevölkerung. Sehr markant ist der Jugendsockel ausgeprägt. Anders die Pyramide von Lima: sie zeigt, dass die Altersstufen von 15 bis 24 Jahren in der Bevölkerung der Hauptstadt sehr stark vertreten sind. Dies sind die zugewanderten jungen Menschen, die nach dem Abschluss der Schulbildung in ihrer Heimat keine berufliche Perspektive sehen und voller Hoffnung in die Metropole abgewandert sind.

Neun Jahre später zeigt die peruanische Bevölkerungspyramide den positiven Einfluss der Familienplanung, denn der Jugendsockel ist schmaler geworden. Der Anteil der jüngsten Altersgruppe ist bei Männern und Frauen ein Prozent kleiner als noch 1972. Das gilt auch für die Bevölkerungspyramide von Lima. Hier machen die Kinder bis 4 Jahre nur jeweils 6 % der Bevölkerung aus, mehr als 1 % weniger als im Landesdurchschnitt. Daran lässt sich das unterschiedliche Reproduktionsverhalten der metropolitanen Bevölkerung ablesen, denn die Jahrgänge der Elterngeneration von 20 bis 29 Jahre nehmen prozentual einen größeren Anteil als im Landesdurchschnitt ein, ihr Kinderwunsch ist aber nicht so ausgeprägt. Die Bevölkerungspyramiden lassen also einen selektiven Migrationsprozess erkennen, in dem die Jahrgänge nach dem Schulabschluss besonders stark vertreten sind. Sie lassen auch deutlich werden, dass mit der Migration in die Metropole sich Veränderungen der Lebensweise ergeben. Das wird hier am Reproduktionsverhalten sichtbar.

Aufgabe 3

Die Karte des Großraums Lima zeigt, wie großflächig sich die Metropole in der zweiten Hälfte des 20. Jahrhunderts ausgedehnt hat. Allein die Stadtteile, die von 1970 bis 1990 entstanden, machen weit über die Hälfte der Stadtfläche aus. Von der Stadtfläche der letzten beiden Jahrzehnte sind etwa 60 % Barriadas. Daran ist ablesbar, dass der Zuwanderungsprozess in die Hauptstadt die Möglichkeiten einer planenden Stadtentwicklung überfordert und es zu einem „unkontrollierten Städtewachstum" gekommen ist, wie es im Untertitel der Karte heißt. Die Barriadas liegen in einer peripheren Lage und bilden, wie es für Metropolen von Entwicklungsländern typisch ist, einen Ring von Marginalsiedlungen um die älteren Stadtteile. Dabei sind die Ausbreitungsmöglichkeiten in der Costa am Fuße der Anden sehr begrenzt. Schon in 10 bis 15 Kilometern Entfernung von der Küste werden Höhen über 1 000 Meter erreicht. Die Elendsviertel entstehen vorrangig in den Tallagen und entlang von Verkehrswegen, die eine Verbindung zum Stadtzentrum darstellen. Dabei wurden am Rio Rimac auch Grünflächen illegal aufgesiedelt, die 1980 offiziell noch geschützt waren. Ein anderer typischer Standort für Barriadas ist die unmittelbare Umgebung der großen Industriegebiete, weniger wegen der kurzen Wege zur Arbeit, sondern vermutlich wegen der unattraktiven Lage direkt neben den Industrien. Im Vergleich zur gewaltigen flächenhaften Ausdehnung der neu entstandenen Barriadas sind die Areale der ehemaligen Barriadas, in denen ein Upgrading stattgefunden hat, sehr klein. Die Slumsanierung kann also nicht ansatzweise mit dem Entstehen neuer Elendsquartiere Schritt halten.

Die Karte lässt erkennen, dass die neu entstehenden Barriadas im wüstenhaften Umfeld der peruanischen Costa gebaut werden müssen. Das wird auch im Foto (Material M 6) deutlich. Auf sandigem Grund sind viele kleine Hütten und Häuser entstand, die dicht gedrängt stehen. Das ist ein Ausdruck von Platzmangel. Teilweise bestehen die Hütten noch aus geflochtenen Matten, die von den Landbesetzern quasi über Nacht errichtet werden können. Diese behelfsmäßigen Spontansiedlungen werden nach und nach durch kleine, einstöckige Häuser mit gemauerten Wänden ersetzt, wie es vorn links gut zu erkennen ist. So entstehen aus Barriadas allmählich dauerhafte Stadtteile, die eine bessere Wohnqualität bieten. Teilweise gehört zu den kleinen Häusern noch ein Hof, der durch geflochtene Matten abgegrenzt ist. Dieses Foto dokumentiert sowohl das rasche und spontane Entstehen der Barriadas, und damit das hohe Tempo des städtischen Wachstums, wie auch die Dauerhaftigkeit solcher Siedlungen.

Aufgabe 4

Material M 7 zeigt die Ergebnisse der peruanischen Binnenwanderung für das Jahr 1998. Knapp drei Viertel aller Peruaner wohnen mittlerweile in Städten. Das ist für ein Entwicklungsland ein sehr hoher Urbanisierungsgrad. Das Kreissektorendiagramm lässt auch erkennen, das man in Peru von einer ausgeprägten Metropolisierung sprechen kann. Allein im metropolitanen Ballungsraum Lima lebten 1998 mit 29,1 % mehr Menschen als im gesamten ländlichen Raum Perus. Das stellt eine enorme Bevölkerungskonzentration dar, die sowohl positiv wie auch negativ bewertet werden kann, wie die Aussagen der Materialien M 8 bis M 11 erkennen lassen.

Diagramm M 8 zeigt die Entwicklung des Analphabetentums zwischen 1993 und 1998 für Peru insgesamt, für den städtischen und für den ländlichen Raum. Generell ist eine erfreulich starke Abnahme des Analphabetentums innerhalb von nur fünf Jahren feststellbar, nämlich fast eine Halbierung. Signifikant sind aber auch die Unterschiede zwischen dem ländlichen und dem städtischen Raum. Die Analphabetenrate liegt im ländlichen Raum etwa fünfmal so hoch wie in den Städten. Bezogen auf das Bildungsniveau kann die Binnenwanderung demnach positiv bewertet werden. Trotz des gewaltigen Zustroms an Zuwanderern konnte in den Städten die Analphabetenrate erheblich gesenkt werden. In den Städten sind die Bildungseinrichtungen leichter erreichbar. Das erklärt zumindest teilweise den immer noch existenten Unterschied des Bildungsniveaus zwischen Stadt und Land.

Tabelle M 9 zeigt die Entwicklung der Beschäftigungssituation in Lima zwischen 1979 und 1993. Diese Entwicklung kann nur als Katastrophe bewertet werden. Zwar ist die Arbeitslosigkeit nur von 6,5 auf 9,6 % der Beschäftigten gestiegen, dafür wuchs aber der Anteil der Unterbeschäftigten derartig dramatisch an, dass 1993 nur noch 12,8 % der Bevölkerung im berufstätigen Alter ausreichend beschäftigt waren, gegenüber 60,6 % im Jahr 1979. Die Ursachen für diese katastrophale Entwicklung sind vor allem in einem gesamtwirtschaftlichen Niedergang zu suchen. Wie Tabelle M 3 zeigt, ist die Einwohnerzahl Limas in diesem Zeitraum um ca. 2 Mio. gewachsen. Das hat zur Verschärfung der Beschäftigungslage sicherlich beigetragen und ist damit negativ zu bewerten. Trotz der dramatisch verschlechterten Beschäftigungslage hielt die Zuwanderung auch in den Jahren danach an. Das veranschaulicht, dass die auf Lima konzentrierte Zuwanderung sich nicht unbedingt an den realen Beschäftigungschancen in der Metropole orientiert, sondern eher an den erhofften Lebenschancen.

Tabelle M 10 gibt die soziale Schichtung der Bevölkerung Limas im Jahr 1993 wieder. Die zentrale Aussage ist, dass im Stichjahr fast vier Fünftel der Bevölkerung unter der Armutsgrenze lebten, 39 % sogar in extremer Armut. Diese Zahlen lassen sich gut mir der Karte M 5 parallelisieren, die zeigt, wie groß der Anteil der Barriadas an der Stadtfläche ist. Die dramatischen Werte der Tabelle M 10 sind eine direkte Folge der Zuwanderung in die Metropole. Für die Masse der Zuwanderer gibt es keine Arbeitsplätze und kein ausreichendes Einkommen, wie Tabelle

M 9 erkennen lässt. Ein Leben unter der Armutsgrenze ist die Folge. Die Marginalisierung lässt weite Bevölkerungskreise in die Armut abrutschen. Das birgt erheblichen sozialen Sprengstoff. Trotz dieses Sachverhalts kommt die Zuwanderung nicht zum Erliegen, da die Perspektiven auf dem Land in der Regel auch nicht besser sind.

Tabelle M 11 gibt einen knappen Einblick in die Infrastruktur der Metropole Lima. Danach hatten 1993 knapp zwei Drittel der Haushalte Anschluss an die Wasserversorgung und -entsorgung, und mehr als vier Fünftel waren an das Stromnetz angeschlossen. Angesichts des großen Anteils der Barriadas an der Stadtfläche, wie ihn die Karte M 5 zeigt, und angesichts des riesigen Anteils der Armen an der Bevölkerung (Tabelle M 10) sind das noch vergleichsweise positive Werte. Da die Barriadas spontan entstehen und zunächst nur aus einfachsten Hütten bestehen, wie man im Bild M 6 erkennen kann, ist es leicht nachvollziehbar, dass es in Lima keine vollständige Ausstattung mit Infrastruktur geben kann. Berücksichtigt man das Tempo der Zuwanderung – laut Tabelle M 3 kommen jährlich über 100 000 Einwohner hinzu – müssen erhebliche Anstrengungen unternommen worden sein, um die Marginalsiedlungen Limas mit der am dringendsten benötigten Infrastruktur nachzurüsten, sonst wäre die Werte der Tabelle M 11 wohl schlechter. Der kontrollierte Ausbau der Infrastruktur wird aber durch die unkontrollierte Binnenmigration in Richtung Lima immer wieder in Frage gestellt und überfordert.

Dass alle negativen Daten der Infrastrukturausstattung, der Beschäftigungssituation und der Massenarmut den Zuwanderungsprozess sich stoppen können, lässt Rückschlüsse auf die Lebenssituation im ländlichen Raum zu, wie sie in den Daten der Schulbildung der Tabelle M 8 zum Ausdruck kommt. Solange derartige Disparitäten auf gesamtstaatlicher Ebene bestehen bleiben, wird sich am Prozess der Binnenwanderung in Peru nichts Grundlegendes ändern.